KB272874

은행지배구조에 따른 효율성 분석에 관한 국제비교

은행지배구조에 따른 효율성 분석에 관한 국제비교

권영준 · 이혜란 지음

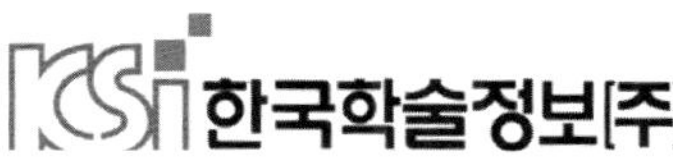

contents ●●●

Ⅰ 검토배경

1. 최근동향

　우리나라 금융산업은 외환위기 이후 많은 문제점을 극복해왔지만 효율적이고 투명한 경영이 절실히 요구되고 있다. 그리고 이러한 효율적이고 투명한 은행경영을 위해서는 은행지배구조의 바람직한 개선이 최우선 과제라 할 수 있는데, 이를 위해 최근 이사회를 개선하고 활성화하여 기업경영의 투명성, 효율성, 책임성을 확보하기 위해 많은 은행들이 노력하고 있다. 그러나 이사회제도 및 감사위원회제도가 시행된 지 오래되지 않았고 미숙하여 형식적 구조는 갖추었을지라도 실질적인 면에서 많은 문제점과 시행착오를 겪고 있는 것이 사실이다.

　특히 사외이사제도는 대주주의 전횡을 감시하고 견제하기 위한 것으로 우리나라에 도입된 지 10년이 되었다.

　대주주의 독단적인 경영을 견제하려면 사외이사가 독립성과 전문성을 갖춰야 하는 것이 기본이다. 그러나 현실을 보면 독립성을 기대할 수 없는 상황이다. 즉 좋은기업지배구조연구소가 조사한 바에 따르면 시가 총액 기준 50대 기업 사외이사 가운데 지배주주나 경영진과 이해관계가 있는 경우가 39.5%를 차지하며 최대 직업군은 전직관료로 30.1%에 이른다. 이해관계의 유형은 오너나 최고경영자와 동문이거나 계열사 임원, 소송대리인 법무법인 소속 등으로 다양하지만 분명한 사실은 이해관계에 있는 이들에게 오너나 최고경영자를 견제하는 역할을 기대할 수 없다는 점이다. 관료출신은 힘센 기관 인사가 절대적인 비중을 차지한다. 이 두 가지 통계에서 많은 기업이 사외이사제도를 악용하려는 의도를 읽을 수 있다.

현 증권거래법은 최대주주의 특수관계인은 사외이사가 될 수 없도록 규정하고 있다. 반면 은행 사외이사는 은행법에 우선 적용을 받으며 은행법과 금융감독위원회 감독규정에는 은행사외이사의 독립성요건에 대해 특별히 규정하지 않고 있다. 다만 금융지주회사를 비롯해 산업자본이 주로 지배주주로 있는 증권사와 보험사의 경우 증권거래법상 사외이사 자격요건이 적용되고 있다.

금융감독위원회는 최근 금융권의 주택담보대출 쏠림현상과 금리결정체계 등 시중은행들의 획일화된 경영전략이 후진적인 은행의 지배구조와 무관하지 않다고 판단하고 올 상반기 중 이런 내용을 골자로 한 은행 지배구조개선작업에 착수하기로 했다(헤럴드 경제, 2007. 02.14).

우선 현재 소극적 요건을 적용하고 있는 은행 임원의 자격 요건을 개정해 금융기관이나 유관기관에 일정 기간 근무하고 전문성이 있는 사람이 임원이 될 수 있도록 임원자격을 보완할 계획이다.

현행 은행법과 감독규정, 은행내규에 따르면 미성년자, 금치산자, 금고이상의 실형을 선고받고 집행이 종료된 지 5년이 지나지 않은 사람, 금융당국에서 문책경고 이상의 제재를 받은 지 일정기간이 지나지 않은 사람 등은 임원이 될 수 없도록 규정하고 있다.

또 사외이사 후보의 추천과 임명과정에 대주주의 영향력을 줄일 수 있도록 선임절차를 개선하기로 했다. 이와 관련해 사외이사가 업무수행과정에서 비서실 등 직속 부서의 지원을 받지 않고 독립적인 업무를 수행할 수 있도록 별도의 지원 부서를 설치하는 방안을 검토하기로 했다.

이와 함께 현재 은행마다 1년에서 3년 이내로 돼 있는 이사, 감사, 은행장 등 임원의 임기를 3년으로 일원화해 책임 경영을 강화하는 방안도 추진하기로 했다. 또 경영진에 대한 감시기능을 높이기 위해 감사위원회 설치와는 별도로 상근감사위원 1인을 의무화하는 방안을 검토할 계획이다.

2. 연구의 필요성

기업지배구조에서 이사회가 중요한 역할을 차지하는 이유는 이사회가 기업운영 과정에서 발생하는 주주와 경영자간 갈등을 해결하는 내부조정기구로서 주주의 의사를 대변하는 기능을 가지고 있으며 경영자의 행위를 규율하는 중요한 기구이기 때문이다.

이러한 이사회와 관련된 주요 연구주제는 이사회의 적정규모, 이사회에서 사외이사가 차지하는 구성비, 이사의 보수 등이다. 이 중 사외이사의 구성비는 이사회의 가장 중요한 역할이 경영자의 감시 및 교체라는 점에서 매우 의미있는 주제라 할 수 있다. 최근 많은 나라들이 이사회 구성에 있어서 사외이사가 차지하는 비율을 높이고자 하는 움직임은 이사회 역할의 중요성을 다시금 상기하게 된다. 특히 외환위기 이후 한국을 비롯한 많은 아시아 국가들은 자국 기업들의 이사회에서 사외이사가 차지하는 구성비를 높이려 노력하고 있다. 이 같은 사실은 많은 나라들이 기업의 경영자에 대한 적절한 감시를 하는데 있어서 사외이사의 역할이 상당히 중요하다고 기대한다는 것을 반영하고 있다.

은행경영에 있어 경영의 투명성 및 공정성과 성과책임은 조직의 지속적인 성장·발전을 위한 핵심요건으로 대두되고 있다. 실제로 우리나라 금융시스템의 붕괴를 초래했던 은행부실화도 대부분 경영투명성 및 책임경영의 부재로 인한 것이었다. 그러나 경영의 투명성·공정성·책임성 등을 대주주나 경영자의 의지에만 의존하는 것은 위험하므로 제도적으로 경영지배구조의 확립을 통해 이를 확보하는 것이 가장 효과적이다.

따라서 본 연구는 경영지배구조와 효율성의 관계를 분석함으로써 효율성과 지배구조가 어떤 관계를 가지며, 왜 지배구조가 건전한 구조로 개선되어야 하는가에 대한 근거를 찾기 위해 이론적 검토는 물론 국제적 사례를 찾아 비교검토하고, 각국 은행들의 효율성과 경영지배구조를 비교분석함으로써 우리나라 은행들의 지배구조 개선을 위한 합리적 대안을 찾는데 연구의 목적과 필요성이 있다.

3. 기존연구와의 비교

경영지배구조에 관한 지금까지의 연구는 사외이사의 경영자에 대한 감시기능의 효율성에 대한 것이 주였다고 할 수 있다. Weisbach(1988)는 미국의 495개 기업을 대상으로 이사회의 구성과 최고경영자의 교체간 관계를 분석하였다. 그는 사내이사가 지배적인 이사회보다 사외이사가 지배적인 이사회일수록 그 회사의 실적이 부진할 경우 최고경영자의 교체가 일어나는 경향이 크다는 사실을 발견했다. 이러한 결과는 경영자를 감시하는 이사회의 기능에 있어서 사외이사의 중요성을 강조하고 있다고 할 수 있다.

Laura Lin(1996)은 실험 데이터 상으로 사외이사제도가 건전한 경영과 주주 및 채권자보호에 긍정적인 영향을 미친다는 증거를 발견할 수 없었다고 주장하였다. Paul W. MacAvoy(1983) 등은 1977년부터 1980년까지 뉴욕증권거래소에 상장된 495개의 공개회사를 대상으로 연구한 결과, 독립된 이사로 구성된 이사회의 구성은 경영성과에 아무런 영향을 주지 않으며, 경험적 연구상 미국법률가협회가 제안하는 독립된 사외이사로 구성된 이사회의 존재 여부가 회사의 경영성과에 지대한 영향을 미친다는 사실을 발견할 수 없으며, 다수의 사외이사나 감사위원회, 지명위원회, 급여위원회가 존재하는 회사가 그렇지 못한 회사보다 합법적으로 경영을 한다는 결과를 발견하지 못하였다고 한다.[1] 이 연구결과는 사외이사제도를 도입한다고 해도 기업의 건전경영과 효율성이 향상된다고 결론 내리는 것이 어렵다는 것을 보여준다 할 수 있다.

Dahya and McConell(2005)은 영국의 700개 기업을 대상으로 분석하였는데 사외이사가 지배적인 기업일수록 기업 실적이 부진할 경우 최고경영자를 교체하고 새로운 최고경영자로서 외부인사를 영입하는 경향이 있다는 사실을 발견하였다. 이러한 결과로서 그들은 이사회에서 사외이사가 차지하는 비중이 높을수록 이사회의 의사결정에 사외이사가 많은 영향을 미치며, 특히 최고 경영자의 임면에 사외이사의 의견이 많이 반영됨을 보였다. 또한 Murphy(1999)는 사외이사가 지배적인 이사회일수록 그 회사의 실적이 부진할 경우 최고경영자의 교체가 일어나는 경향이 더욱 크다는 것은 어느 정도 정형화된 사실이라고 지적하고 있다.

본 연구에서는 사외이사에 관한 이론적 분석과 각 국 사외이사에 대한 비교분석을 시도하고, 각 국 은행들의 지배구조 형태와 효율성,

---

1) 이대희, "사외이사의 역할에 대한 경험적인 연구의 고찰 - 미국에서의 논의를 중심으로를 중심으로 - ", 「상사법연구」, 제16권 제2호, 1997.

그리고 경영성과들의 비교 분석을 통해 지배구조가 은행경영에 미치는 효과를 분석해 보고자 한다.

본 연구에서는 은행들의 효율성을 투입요소집합으로부터 최대의 산출물을 생산해 내는 기술적 효율성(technical efficiency)으로 나타내고자 한다. 그리하여 경영지배구조의 차이가 은행들의 효율성과 경영성과에 어떤 영향을 미치는 지를 비교분석하여 우리나라 은행들의 경영지배구조 개선의 중요성을 강조하고자 한다.

Ⅱ 사외이사제도의 이론적 고찰

1. 사외이사제도의 도입

1) 사외이사의 개념

사외이사는 회사의 임원이나 피용인이 아닌 이사로서 회사의 업무집행자의 영향력하에 놓여있지 않고, 업무집행기관으로부터 독립적인 지위를 갖고 그 임무수행을 할 수 있는 자를 말한다. 즉 이사회가 개최되는 때에만 참석하여 결의에 참가하는 이사로서 법규정상으로는 "당해 회사의 상무에 종사하지 아니하는 이사로서 증권거래법 제54조의5 또는 제191조의16의 규정에 의하여 선임된 이사(증권거래법 제2조 19항)"를 의미하는 말로, 미국 주식회사의 outside director의 번역어로[2], 현재는 독립성을 강조하기 위해 independent director로도 불린다.

이러한 사외이사는 독립 사외이사(Non-Affiliated)와 비독립 사외이사(Affiliated Outside Director or Quasi-Insider)로 나눈다. 독립사외이사는 회사와 전혀 이해관계가 없는 사외이사이고, 비독립 사외이사

---

2) 이균성, "주식회사의 사외이사의 지위", 『상사법연구』, 제20집, 2001, p.235.

는 당해 회사에 거래상의 이해관계가 있거나 경제적 이해관계를 가진 당해 회사에 투자를 하고 있는 금융기관 또는 당해 회사의 외부 용역업체 임원 등이 겸직하는 사외이사를 말한다.[3]

2) 사외이사제도의 연혁[4]

미국에서 사외이사 제도는 2차 대전 후부터 1960년대까지 사회적 관심을 받지 못하였으나, 1970년대 들어 기업부정사건이 연달아 발생하고 기업의 사회적 책임에 대한 인식이 높아지기 시작하면서, 경영자 입장에서 그리고 독립적, 사회적 입장에서의 감사의 필요성이 강조되기 시작하였다. 당시 연방재판소와 증권거래위원회(SEC : Securities Exchange Commission)는 사외이사제도의 보급에 가장 큰 공헌을 하였다.

SEC는 원래 주내의 증권거래에 있어 사기적 행위의 금지 및 공정성 확보를 목적으로 연방법상의 독립행정기관으로 설립되었는데, 1934년 증권거래소법에서 위임장권유를 공시에 관한 규제대상으로 규정하게 되어 SEC의 관할권과 위임장권유의 적정화와 관련하여 회사민주주의의 확립에 관심을 갖게 되었다. 1970년대에 들어서면서 공개회사에 있어서 부정 사건들이 연달아 발생하자 투자자 보호를 위해 회사경영의 적정화와 경영자책임의 확보를 위한 수단이 중요하게 여겨졌다. 1978년 SEC가 공표한 National Telephone사에 관련한 보고서에서는, 정보개시와 관련한 사외이사의 역할이 중요하다는 언급을 발견할 수 있다. 즉 회사의 존속과 관련되는 중요한 사건이 발생한 경우, 사외이사는 회사의 내부 상황에 대해 정확하게 파악하고

---

3) 김영호, "기업의 지배구조와 이사회의 운영", 『동아법학』, 제25호, 제26호, p.133.
4) 川口辛美, 「社外取締役とコーポレート がパナソス」, 37면, 弘文堂, 2004.

여기에 대한 적절한 정보의 공개가 행하여졌는지 적극적인 조사를 행하고 판단할 책임이 있다고 보았다. 따라서 사외이사는 공개된 정보의 내용과 사실을 비교하여 모순이 있는 경우, 정정 및 추가를 보장하는 입장에 서게 된다.

한편 SEC는 이러한 정보의 정정 및 추가에 대해 공개하는 권한을 사외이사로 구성되는 감사위원회에 위임할 필요가 있다는 점을 천명하였다. SEC는 종래 사외이사의 채용을 장려하는 것에서 더 나아가, 1972년에는 전 상장회사에 대해 사외이사로 구성되는 감사위원회를 설치할 것을 요구하는 성명을 발표하였다.5) 1977년에는 주주와 회사 사이의 커뮤니케이션 확보, 임원의 선임에 주주의 참가, 회사통치의 일반적인 문제에 관한 논의를 하기 위하여 공청회 개최를 선언하였다. 이러한 SEC의 일련의 개혁에 의해 현재는 이사의 선임에 관한 위임장 설명서에도 이사후보자와 회사의 일정한 관계를 공시하도록 요구하고 있다. 뉴욕증권거래소(NYSE, New York Stock Exchange)는 이미 1965년에 전 상장회사의 이사회에 대해, 최저 2명이상의 사외이사를 참가시키는 것을 상장규정으로 정하고 있었는데, SEC의 개혁에 영향을 받아 1978년 경영자로부터 독립하여 독자적인 판단으로 행위를 할 수 있는 이사만으로 구성되는 감사위원회의 설치를 의무화하였다.6)

당시까지 미국에는 사외이사를 규제하는 법률은 존재하지 않았고, 회사의 선택에 달려 있었다. 사외이사의 채용은 단지 회사 이사회의 구성에 관한 문제였다. 따라서 헌법이나 연방증권법제에서 이에 관련된 직접적인 규제를 찾기가 용이하지 않았다. 그러나 각주의 제정

---

5) SEC v. Lum's Inc., 1973-1974 Transfer Binder, Fed. Sec. L., Rep CCH 94, 504(S. D. N. Y. CCH 96, 256; SEC v. Citizens and Southern Realty investors, 1977-1978 Transfer Binder, Feb. Sec. L. Rep. CCH 96, 396.
6) NYSE, Listed Company Mannual §303.00.

법과 증권시장의 자유규제 등에서는 매우 구체적인 규정을 발견하게 된다. 특히 증권거래소 등과 같은 자율규제기관은 전통적으로 회사지배구조에 대해 매우 적극적으로 규제해 왔다. 그러나 자율규제기관의 규제도 증권거래소법에 기초한 것이라는 점을 간과해서는 안 된다. 즉 상장회사들은 SEC의 감독을 받아야 하므로, 회사지배구조의 개선에 있어서 사실상 간접적으로 법적 강제를 받게 된 것이다.

2. 사외이사의 역할 및 권한

사외이사도 이사회의 일원인 이사이므로 사내이사와 마찬가지로 이사에게 주어진 역할을 담당한다. 법령에서도 사외이사의 역할에 대하여 특별히 규정하고 있는 경우는 많지 않으며, 여러 판례를 통하여 그 역할이 정립되어 왔다. 판례 등에서 제시되고 있는 사외이사의 주요 역할은 다음과 같다.

1) 감시 및 통제

주주들이 사외이사에게 바라는 가장 중요한 역할은 경영진의 경영활동에 대한 감시 및 통제이다. 본질적으로 경영진의 이해 상충문제가 발생하는 분야는 물론 경영활동 전반에 대한 감시 또는 통제이다. 경영활동에 대한 감시는 보통 사외이사가 과반을 차지하는 감사위원회(Audit Committee)에 의하여 이루어진다.

사외이사의 가장 중요한 역할은 감시기능인데, 실제 역할은 그 기대에 못 미친다는 지적이 많다. 사외이사가 기대보다 감시기능을 제대로 수행하지 못하는 이유를 살펴보면 다음과 같다.

우선, 사외이사의 재임기간이다. 즉 사외이사의 재임기간이 길수록 사외이사가 회사에 대한 정보를 충분히 수집하여 감시기능을 더 잘 할 수 있게 된다. 즉 사외이사의 재임기간이 짧아지면 회사에 대한 정보부족으로 감시기능이 제대로 이루어지지 못할 수도 있다는 것이다. 이에 대한 근거로는 Hermalin과 Weisbach(1991)의 실증분석에 의하면 사외이사의 재임기간과 기업의 이윤 간에는 正의 상관관계가 있었다.

둘째, 사외이사의 전문성이다. 이는 사외이사의 전문성이 높을수록 경영진에 대한 감사가 좀 더 효과적으로 할 수 이루어질 수 있다는 것이다. Brickley, Coles 및 Terry(1994)의 실증분석에 의하면 은퇴한 회사 임원이 전체임원에서 차지하는 비중이 높을수록 회사의 경영진이 받아들인 인수제의에 대한 주식시장의 반응이 더 긍정적이었다고 한다.

셋째, 대표이사의 재임기간이다. 즉 대표이사의 재임기간이 길수록 사외이사의 감시기능이 떨어진다는 것이다. 그 원인으로 대표이사가 사외이사의 선임에 큰 영향력을 행사하여 자기와 견해를 같이하는 사람을 사외이사로 선임하려는 경향을 가지고 있음을 들 수 있다. 따라서 한 사외이사가 대표이사의 의견에 대하여 반대의견을 개진하고자 하여도 다른 사외이사가 동조하지 않을 경우 큰 효과를 보지 못하게 될 수도 있다. Hermalin 과 Weisbach(1991)가 뉴욕증권시장에서 거래되는 142개의 회사를 대상으로 한 분석에서는 대표이사가 15년 이상 재임하는 경우에는 해마다 이윤율이 저하되고 있다는 결과가 나왔다.

넷째, 이사회의 규모다. 즉 이사회의 규모가 클수록 사외이사의 기능은 떨어진다는 것이다. 당연히 이사가 많을수록 사외이사가 말할 수 있는 기회가 적어질 것이고, 이사가 많으면 사외이사를 비롯한 각 이사들은 무임승차하려는 경향이 있다는 것이다. 즉, 다른 이사들이 감시기능을 잘하는 경우 특별히 본인이 더 잘하려고 노력하지는 않는다는 것이다. 452개 공개기업을 대상으로 실시한 Yermack(1995)의 실증분석에 의하면 이사회의 규모와 기업의 이윤 간에는 負의 상관관계가 있었다고 한다. 이러한 무임승차를 방지하기 위해서는 이사회 산하에 여러 개의 위원회를 두어 각 이사들이 작은 분량이기는 하지만 책임지고 자기의 일을 하도록 하는 방법이 제시되고 있다.

다섯째, 대표이사의 이사회 의장 겸임 여부이다. 이러한 경우 사외이사의 기능은 떨어지는데, 그 이유는 이사회 의장인 대표이사가 행한 일을 이사회 구성원들이 정면으로 공격 또는 비판하기가 어렵기 때문이다.

2) 회사합병 또는 인수 시 공정한 조정자

회사가 합병 또는 인수제의를 받은 경우 경영진은 자리보전을 위하여 주주의 이익과는 상관없이 동 제의에 저항하려 하는 경향이 있다. 그런데 사외이사는 이러한 자리보전과는 무관 또는 관계가 적으므로, 사실상 주주의 대리인으로서 합병 또는 인수제의 등을 신중하게 검토하여 주주의 이익이 최대화되는 방향으로 결정을 내릴 것으로 기대되고 있다.

합병 또는 인수제의가 있는 경우 회사는 사외이사로 인수위원회(Acquisition Committee)를 구성하여 제의를 받아들일 것인지의 여부를 결정하게 된다. 물론 합병 등에 대한 이사회 및 주주의 동의가 필요하지만 인수위원회의 결정이 사실상 가장 중요하므로 법원은 사외이사가 과반 또는 전부를 차지하는 인수위원회에서 결정한 합병승인 또는 거부에 대하여 상당한 신뢰를 부여하고 있다.

또한 사외이사는 경영진이 회사를 인수하여 개인 기업화하려고 하는 경우 주주의 이익을 옹호하는 역할을 한다. 회사 외부로부터 경영권 장악을 위한 공격이 있는 경우 경영진들은 일반인들이 보유하는 주식을 자기들이 모두 인수하여 개인 기업화하는 경우가 있다. 이 경우 경영진들은 가능한 낮은 가격으로 주식을 매수하려고 할 것이고, 이 과정에서 소액주주들은 반강제적으로 주식을 경영진에게 이전 할 수밖에 없는 상황을 맞게 된다. 따라서 사외이사는 경영진이 다른 주주들의 이익을 희생하면서 자신들의 이익을 추구하지 못하도록 매수가격 등 제반 인수 조건을 검토한다.

3) 이해 상충 시 공정한 판단자

사외이사는 중립적이고 객관적인 의사결정이 필요한 경우 주도적인 역할을 수행한다. 우선, 사외이사는 이사선임위원회(Nomination Committe)의 위원으로 활동한다. 이사 선임위원회는 대표이사 및 사내이사도 위원으로 활동하게 되지만, 과반 이상은 사외이사로 구성되는 것이 상례이다. 그러나 이사선임에 있어서 대표이사의 역할은 매우 크며, 실제적으로는 대표이사의 친구 또는 아는 사람이 이사로 임명되는 경우가 많다. 사외이사는 경영진의 보수를 결정하는 보수산정위원회(Compensation Committee)의 위원으로 활동한다. 물론 대부분 경영진의 보수는 경영진에 의해 결정되나, 대표이사에 대한 보수는 거의 보수산정위원회에서 결정된다. 그 이유는 경영진과 주주 간의 이해상충 문제가 가장 발생하기 쉬운 분야 중의 하나가 경영진에 대한 보수이기 때문이다. 한 연구결과에 의하면 최고경영진의 보수와 기업의 성과 간에는 낮은 상관관계만 있었다고 한다. 즉, 경영진들은 기업의 성과와는 무관하게 자신들의 보수를 높이려는 경향이 있다는 것을 반증하고 있으며, 사외이사가 경영진의 보수와 관련하여 주요한 역할을 해야 하는 이유가 바로 여기에 있음을 의미한다.

3. 사외이사의 책임과 의무

1) 종류 및 내용

사외이사는 불법 또는 부적정한 행위로 인하여 회사 또는 주주에게 손해가 발생했을 경우 사내이사와 마찬가지로 배상 책임과 적정한 주의의무(Duty of Care)와 충실의무(Duty of Loyalty)를 진다.

우선, 적정한 주의란 이사들이 의사결정을 함에 있어 비슷한 위치(In a Like Position)에 있는 보통의 신중한 사람(An Ordinarily Prudent Man)이 비슷한 상황(Under Similar Situation)에서 기울이는 정도의 주의를 말한다. 주의의무를 질문 의무(Duty of Inquiry)라고 하기도 하는데, 그만큼 이사들은 의사결정을 하기 이전에 이용 가능한 모든 중요한 사항을 알아야 하며, 대안도 고려해야 한다는 것을 말한다.

두 번째로, 충실 의무는 이사들이 회사 또는 주주들의 이익을 희생하면서 회사에서의 위치를 이용하여 자신들의 이익을 추구해서는 안 됨을 의미한다. 회사와 이사와의 거래, 회사와 이사의 친족 또는 회사와 이사가 이해관계를 갖고 있는 다른 회사 또는 자연인과의 거래의 경우 충실의무를 위반할 가능성이 많다. 다만 이러한 경우에도 동 거래와 이해관계가 없는 이사들의 과반에 의한 승인이 있는 경우에는 예외이다. 한편 공개 의무(Duty of Disclosure)는 충실 의무의 중요한 내용이다. 이는 이사가 회사에게 주어지는 사업상의 기회를 알았을 경우 먼저 회사에 이를 알려야 하는 의무를 말한다. 이를 기업기회의 원칙(Corporate Opportunity Doctrine)이라고도 한다.

한편 이사들은 회사 및 그 직원들의 행위에 대한 감시 및 감독을 소홀히 하는 경우 그에 대한 책임을 지게 된다. 하지만 이사들은 적극적으로 직원들의 위법 또는 부당한 행위를 적발하기 위한 제도적 장치를 강구할 의무는 없지만, 직원들의 행위 중 의심되는 것이 있으면 이를 조사하여 적절한 조치를 취할 의무가 있다.

2) 사내이사와의 형평성 문제

주주에 대한 책임에 적용되는 기준은 사내·외 이사를 불문하고 동일한 기준이 적용된다. 그런데, 사외이사는 사외이사직이외의 다른 직업을 가지고 있는 경우가 대부분이어서 사외이사직에만 전념할 수 없는 상황이 대부분이다. 이로 인해 회사의 상황을 상세히 알기 어렵고, 대부분의 정보를 경영진이 제공하는 자료로부터 얻고 있으므로 경영에 대한 독립적인 판단을 하기는 어려운 위치에 있다고 하겠다.

더구나 경영진이 제공하는 자료도 이사회가 개최되기 불과 며칠 전에 입수되는 경우가 대부분이므로 충분히 검토할 시간도 없다. 이처럼 사내이사와는 그 업무 수행 여건이 크게 다른 것을 감안하여 사외이사에게 동일한 책임기준을 적용하는 것이 옳지 않다는 주장이 제기되기 시작했다.

실제로 미국의 델라웨어 주 대법원이 내린 Van Gorkom 판결은 사외이사의 책임기준에 대한 논의를 가속화시켰다. Van Gorkom 판결 이후부터는 사외이사가 회사의 경영진이 제공하는 자료 또는 정보를 그대로 믿고 판단했다 하더라도 배상책임을 지는 상황이 발생할 수 있게 되었다. 그러한 판결이후 적지 않은 사외이사가 사임을 하였고, 회사는 유능하고 저명한 사외이사를 확보하기가 어려워져 델라웨어 주 의회는 Van Gorkom 판결이후 곤란해진 사외이사의 입장을 감안하여, 이사가 고의로 잘못된 의사결정을 한 경우를 제외하고는 적정한 주의 의무를 행사하지 않음에 따른 배상책임을 일정금액내로 제한하는 입법을 하게 되었다. 이후 약 35개주가 델라웨어 주와 같은 입법을 하였고, 이러한 입법 활동의 결과로 이사의 배상책임이 크게 축소됨에 따라 사외이사에게 책임을 묻는 기준을 사내이사보다 낮추는 논의는 더 이상 큰 의미가 없게 되었다.

4. 사외이사제도에 관한 이론적 고찰

1) 대리인 관계

기업은 수많은 이해관계자들-고객, 주주, 경영자, 채권자, 종업원, 지역사회, 정부- 사이에서 자신의 행동을 결정해 나간다. 그런데 기업은 내부적으로 어떤 일방(위탁자 또는 주인)이 다른 일방(수탁자 또는 대리인)으로 하여금 자기를 위해 어떤 행동을 하도록 하되 수탁자에게 어느 정도 권한을 위임하는 계약을 체결하고 이에 따라 행동이 이루어진다.

이러한 주인-대리인 관계는 기업의 다양한 이해관계자 사이에서 여러 가지 형태로 존재한다. 그런데 문제는 대리인이 완전히 주인의 이익을 위해 행동하기 보다는 자신의 이익을 추구한다는데 있다. 주인과 대리인의 분리에 따라 필연적으로 발생하는 이러한 종류의 대가를 대리인 비용(Agency cost)이라고 한다.

그렇다면 대리인 비용이 발생하는 이유는 무엇인가? 그것은 기본적으로 인간이 자신의 추구하는 목표를 위해 행동하는 자로서 주인과 대리인 간의 정보의 비대칭적 분포에 근거한다.

2) 대리인비용

대리인이론은 결국 인간이 이기적이기 때문에 여러 사람이 협력하여 어떤 일을 수행할 때는 이해상충이 발생한다는 것에서 출발한다. Berle & Mean(1932)는 자본주의의 발전에 따라 미국 기업의 소유와 경영이 분리되는 현상을 확인하고 그에 따른 문제를 제기하였다. 기업의 규모가 커짐에 따라 대규모 자금이 필요하여 수많은 사람들로부터 자금이 조달됨에 따라 대주주의 지분이 작아짐에 따라 어느 주주도 기업의 경영을 지배할 만큼의 지분을 갖지 못하게 되었다. 이들 주주는 지분이 작아 경영감시에 따른 이익이 크지 않기 때문에 경영감시에 대한 유인이 작아 결국 기업이 전문경영자의 손으로 넘어가는 현상을 발견하고 이에 대한 해결책으로 회사법의 역할을 강조했다.

Jensen & Meckling(1976)은 기업에서의 대리인문제를 체계적으로 조명하였다. 이해상충이 문제를 야기하고 당사자에 손실을 끼치기 때문에 관련 당사자들은 이로 인한 대리인비용을 최소화하고자 하는 유인을 갖는다고 지적했다. 그렇다면 이해상충이 발생하는 원인은 무엇인가? 그 이유로 Jensen & Smith(2000)은 경영자의 위험회피적 성향과 당해 기업의 특수한 투자, 상이한 시간범위를 들고 있다.

이러한 이유로 대리인 비용이 불가피하게 발생하게 되는데, Jensen & Meckling(1976)은 대리인비용을 계약을 설정하고 관리하고 집행하는데 소요되는 비용과 잔여손실의 합으로 정의하고, 다음과 같이 세 가지로 구분하고 있다.

i) 감시비용: 대리인이 주인의 이익을 위해 행동하도록 감시하기 위해 주인이 지불하는 비용으로 감사제도, 예산통제, 내부견제조직, 인센티브시스템 등 관리제도의 곳곳에서 예를 찾아볼 수 있다.

ii) 구속비용: 대리인이 주인의 이익을 위하여 최선을 다한다는 것을 보증하기 위해 대리인이 지불하는 비용. 경영자가 불법행위를 하지 않겠다는 명시적 약속, 재무서류에 대한 외부감사, 경영자가 내릴 수 있는 의사결정의 한계를 명시하는 것 등이 있다.

iii) 잔여손실: 주인과 대리인간의 계약이 최적으로 이행되더라도 완전히 이행되지는 않음에 따라 남게 되는 기회손실

대리인이론의 기본명제는 합리적이고 이기적인 인간은 언제나 이해상충이 가져오는 손실을 줄이기 위해 이해상충 자체를 줄이거나 통제하고자 하는 유인을 갖는다는 것이다. 대리인이론은 이러한 문제들에 대한 여러 가지 해결방안을 제시한다.

Ⅲ 주요국의 은행 경영지배구조

1. 미국

미국의 지배구조는 내부적인 요소인 이사회 및 감사위원회와 외부적인 요소인 주식시장, 적대적 M&A 시장, 그리고 경영자 인력시장 등이 발달함에 따라 대리인 문제 완화 등이 감소하는 것으로 나타나 세계 여러 국가들의 지배 구조적인 기준이 되고 있고, 미국의 기업지배구조는 수평적 인수합병, 신탁금융, 반트러스트법 등의 법률적인 영향으로 인해 다른 나라와 구분되는 지배구조의 특성을 가지게 되었다.

1990년대 이후 미국의 금융시장이 전 세계에 미치는 영향력이 증대해 갔고, 전 세계의 기업지배 구조가 미국의 모델을 따라 갈 것이라는 주장이 인정을 받기 시작했다. 경영자는 스톡옵션 형태로 엄청난 인센티브를 받게 되고 이들 기업은 주주와 그들을 위한 법, 변호사, 기관투자자들의 감시를 받게 될 것이며 영향력을 행사하는 노동조합과, 대형은행 주주, 그리고 재벌가문의 영향으로 부터 더 자유로워진다는 것이었다. 일부에서는 이미 이러한 현상이 나타났고 유럽, 일본과 개발도상국들에서도 미국식의 기업지배구조를 수렴해가는 경향이 있다.

미국의 회사법의 개정은 거의 기업부정 사건에 의해 이루어졌다.

1920년대부터 미국의 각 주가 회사법을 완화하여, 경영자들이 기업정보를 공시하지 않은 채 전횡을 하여 1929년 주가폭락으로 이어진 사건이 있었는데 그것이 바로 대공황이었다. 대공황에 의해 일반투자자가 큰 피해를 입게 되자 연방의회는 주간의 상이한 증권발행 규제 조치를 통일시키는 것을 골격으로 한 증권법(1933년)과 증권거래법(1934년)을 제정하였고, 증권거래위원회(U.S. Securities and Exchange Commission : SEC)를 설립하였다.

연방증권관련법은 상기한 증권법(Securities Act of 1933, 15 U.S.C.§77a), 증권거래법(Securities Exchange Act of 1934, 15 U.S.C. §78a)와 공익사업지주회사법(Public Utility Holding Company Act of 1935, 15 U.S.C. §79a), 신탁증서법(Trust IndentureAct of 1939, 15 U.S.C. §77aaa), 투자회사법(Investment Company Act of 1940, 15 U.S.C. §80a-1), 투자자문업법(Investment Advisers Act of 1940, 15 U.S.C. §80b-1), 증권투자자보호법(Securities Investor Protection Act of 1970, 15 U.S.C. §78aaa)의 7가지이다.[7]

그리고 1970년대에 들어서 외국정부 관료에 의한 부정지출 사건으로 미국법률협회(ALI)가 회사운영에 대한 문제점을 가지고 12년에 걸쳐「기업지배구조의 원리: 분석과 권고」(Principles of Corporate Governance : Analysis and Recommendations)를 1992년에 완성하였는데 법적 구속력은 없지만 법원에서도 무시할 수 없을 정도의 의미가 있었다.

이러한 노력에도 불구하고 2001년 12월 회사 고위 경영진들의 특수 목적기구(Special Purpose Entity : SPE) 설립에 의한 장기간, 대

---

7) Louis Loss & Joel Seligman, Securities Regulation(3rd ed. rev. 1998) pp.224-273.

규모에 걸친 회계장부를 조작해온 분식회계와 SEC의 공시의무를 다하지 않는 등의 불법이 저질러졌다. 즉 회사의 내부통제 장치가 미비하여 일어난 엔론사(Enron Co.) 부정회계사건을 필두로 하여 월드컴(WorldCom), 퀘스트(Qwest) 등의 대형부정회계 사건이 잇달아 발생하였다.

특히 엔론의 회계 스캔들은 역사적으로 중요한 의미를 갖는다. 혁신을 잘 하는 대표기업으로 불리던 엔론이 부실회계로 순식간에 몰락하면서 미국의 자본시장에 막대한 영향을 미치게 되자 미국은 자본시장과 기업지배구조의 신뢰 실추로 개선책을 마련하게 되었고, 이것이 바로 사베인즈-옥슬리법(Sarbanes-Oxley Act) 제정과 NYSE의 상장기준, Nasdaq 규정의 개정이다.

1) 사베인즈-옥슬리법 : Sarbanes-Oxley Act

2001년 말 발생한 엔론 사태는 기업공시의 정확성과 그에 대한 막중한 책임을 부과하여 투자자를 보호해야 한다는 원칙을 상하 양원이 의견 일치를 보았다. 정치적 영향으로 상원에서는 개혁적인 Sarbanes 법이 통과되었으나 하원에서는 친 기업적인 Oxley 법안이 준비되었다. 합의에 오랜 시간이 소용 될 것으로 예상되자 SEC는 회계업무 감독기구 설립과 외부감사인의 컨설팅 금지 등을 주 내용으로 하는 안을 마련하게 되었다.

그러나 월드컴(WorldCom), 퀘스트(Qwest) 등의 회계부정과 경영진들의 비리가 연이어 터져 나오자 투자자들의 불신이 극에 달하였고 그에 따른 주가의 폭락이 잇달았다. 위기의식이 확산되자 미국의 상하 양원은 2002년 7월 25일 단일안에 합의 하였다. 이 법은 증권법과 증권거래법 이래 최대의 개혁 입법으로 회계 감독기구의 설립,

감사인의 독립성 제고, 기업 및 임직원의 책임 강화, 기업공시의 개선, 증권분석가의 이해상충방지 등을 그 핵심으로 삼고 있다.

즉 기존 연방 증권법 중 기업 지배 구조 부분을 대폭 강화한 이 개정안은 투명회계를 위반하는 경우 회계정보 생산자인 최고 경영자(CEO)와 최고 재무책임자(CFO)에게 민·형사상의 막중한 책임을 부과하여 철저한 사내 견제와 균형을 통한 경영의 투명성 증가, 그리고 경영진에 대한 책임을 증가시키는 것이 골자이다.[8]

사베인즈-옥슬리법은 다음의 11개 장으로 이루어져 있다.

제1장 공개기업회계감독위원회(Public Company Accounting Oversight Board)

제2장 감사인의 독립성(Auditorindipendence)

제3장 기업의 책임 (Corporate Responsibility)

제4장 재무정보 공시 강화(Enhanced Financial Disclosures)

제5장 분석가의 이해상충(Analist Conflicts of Interest)

제6장 SEC의 재원과 권한(Commission Resources and Authority)

제7장 연구 및 보고(Studies and Reports)

제8장 기업사기 및 형사사기 책임(Corporate Criminal Fraud Accountability)

제9장 화이트칼라 범죄 처벌 강화 (White-color Crime Penalty Enhancements)

제10장 법인세 신고(Corporate Tax Returns)

제11장 기업사기에 대한 책임(Corporate Fraud and Accountability)

이러한 사베인즈-옥슬리법 규정의 대부분은 1933년 증권법과 1934년 증권거래법의 관련 조항들을 수정하는 형식으로 되었고, 많은 규

---

8) 서헌제, "2002년 미국 기업개혁법(Sarbanes – Oxley Act)에 관한 연구", 「중앙법학(제6집 2호)」, 중앙대학교법학연구소, 2004. 8. p.182

정들이 공포 즉시(2002년 7월 30일) 효력이 발생하였지만, 일부 규정은 관련기관 규정의 제 · 개정을 통해 시행된 것도 있다.9)

2) NYSE의 상장기준

엔론사태 이후 상장회사 지배구조의 획기적인 개선을 위해 기존의 상장기준을 개정하거나 새로운 규정을 추가할 필요성이 제기되었다. 이어 뉴욕증권거래소의 상장기준위원회(Corporate Accountability and Listing Standards Committee)가 보고서를 작성하여, 2002년 6월 6일 NYSE의 이사회에 제출되었고, 보고서에 대한 2개월여 간에 공개의 견수렴절차를 거쳐 2002년 8월 1일 총회에서 확정되었다. 그 결과 상장회사의 책임성과 투명성을 향상시키고 종래보다도 엄격한 내용을 가진 기업지배구조에 관한 상장기준 개정안이 만들어져 증권거래위원회의 승인을 받아 시행되었다. 상장기준 개정 내용은 주로 상장회사의 사외이사 문제를 중심으로 한 13개의 기준이며, 그 내용은 다음과 같다.10)

　ⅰ) 상장회사의 이사회는 과반수이상의 독립이사(independent directors)를 가져야 한다.
　ⅱ) 독립이사에 관한 뉴욕증권거래소의 정의를 엄격히 해야 한다.
　ⅲ) 사외이사(non-management directors)에게 경영진을 한층 효과적으로 감독하기 위한 권한을 부여해야 한다.
　ⅳ) 상장회사는 독립이사만으로 구성되는 지명위원회(nominating/corporat

---

9) 금감원, 「미국에서의 기업지배구조 개선동향」, 회계감독1국, 2004. 10, pp.10-11.
10) 정기승, 「금융회사 지배구조론」, 2007. 9, pp.205-208.

governance committee)를 설치해야 한다.

ⅴ) 상장회사는 독립이사만으로 구성되는 보상위원회를 설치해야 한다.

ⅵ) 상장회사의 감사위원회 구성원에 관한 독립성과 관련하여 새로운 요건을 추가 하였다. 즉 감사위원회 구성원인 이사의 보수는 회사로부터 받은 보상적 보수에 한하고, 회사주식의 20% 이상을 직접·간접으로 보유하는 감사위원회 구성원은 감사위원회 위원장이나 의결권 있는 위원이 될 수 없으며, 감사위원회 위원장은 회계·재무관리에 관하여 전문지식을 가져야 한다.11)

ⅶ) 외부회계감시인의 선임·해임권한이나 외부회계감사인의 중요한 비감사업무에 대한 승인 권한을 감사위원회에만 부여하는 등 감사위원회의 권한·책임을 가져야 한다. 따라서 감사위원회의 내규에는 이와 관련한 목적, 의무와 책임, 연차보고서에 대해 명시하도록 했다.

ⅷ) 주식보상계획(equity-compensation plan)에 대한 주주의 감독권을 강화하여야 한다. 즉 주주에게는 주식보상계획에 대한 의결권을 행사할 수 있는 기회를 부여해야 한다.

ⅸ) 상장회사는 자신의 기업지배구조 지침(guideline)을 채택하고 공지해야 한다. 단지 하나의 기업지배구조지침을 모든 회사에 요구하는 것은 적절하지 않다는 판단 하에 다음과 같은 보편적인 기준을 포함할 것을 요구하고 있다. 즉 이사의 자격기준, 이사의 직무, 경영진에 대한 이사의 정보청구권, 이사의 보수, 이사에 대한 계속 교육, 경영의 인계, 이사회의 연간 업적 평가 등의 항목을 정하도록 요구하고 있다.

ⅹ) 상장회사는 이사·임원·종업원의 업무행위·윤리규정을 채택하

---

11) NYSE, NYSE Listed Company Manual Section, p.10.

여 공시하고 이사·집행임원에 대한 그 규정의 비적용을 신속
하게 공시해야 한다. 업무행위·윤리규정에는 이익 상반, 회사
의 기회, 비밀유지의무, 공정거래, 회사 자산의 보호와 적정
이용, 법률 준수 등의 항목이 들었다.

3) Nasdaq 규정

ⅰ) 독립이사란 이사로서의 책임을 수행함에 있어서 독립적인 판
단을 방해할 수 있는 회사의 집행임원이나 피고용인 등과 같
은 관련이 없는 자로 다음의 경우 독립이사가 될 수 없다. a)
과거 3년간 당 해 회사나 그 모회사 또는 그 자회사에 고용
된 이사, b) 과거 3년간의 회계연도 또는 당해 회계연도에 당
해 회사나 그 모회사 또는 그 자회사로부터 6만 달러 이상을
받은 이사나 가족이 있는 이사, c) 과거 3년간 회사나 그 모
회사 또는 그 자회사의 임원으로 고용된 가족이 있는 이사,
d) 과거 3년간의 회계연도 또는 당해 회계연도에 당해 회사로
부터 20만 달러 또는 자신의 연결총수입의 50% 이상을 초과하
여 경비로 지급을 받았거나 지불한 회사의 파트너이거나 지배
주주, 임원인 이사 또는 이러한 가족이 있는 이사, e) 과거 3
년간 다른 회사의 보상위원회의 임원으로 활동한 경우에 그
다른 회사의 임원인 이사 또는 이러한 가족이 있는 이사, f)
과거 3년간 당해 회사의 감사로서 활동한 회사에서 사외이사
의 파트너·근로자였거나 현재 파트너인 이사 또는 이러한
가족이 있는 이사는 독립이사가 될 수 없는 것으로 규정하고
있다.12)

ⅱ) Nasdaq 규정에서는 최소한 3인의 독립이사로 구성되는 감사위

원회를 설치하여야 하고 이 독립이사들 중에는 최고 경영자 (CEO)나 최고 재무경영자(CFO) 또는 재무감독의 책임이 있는 선임중역의 경력이 있거나 현재 이러한 직위에 있는 자로서 금융 또는 회계전문가가 최소한 1인은 포함될 것을 요구하였는데, 새로운 Nadaq 규정은 여기에 새로운 Nasdaq 규정에 의해 강화된 이사의 독립성 기준도 충족할 것을 요구하고 있다.[13] 또한 보상위원회의 경우에도 설치는 강제되고 있지는 않으나, 모든 집행임원들의 보수는 독립이사의 과반수 또는 보상위원회에 의해 이사회에서 결정되거나 추천된다.[14] Nasdaq 규정상의 보상위원회는 설립정관의 채택을 강제하지 않으며 CEO의 보수에 대한 결정까지도 건의할 수 있다는 점에서 NYSE 규정과는 다르다.[15]

iii) Nasdaq 규정은 모든 집행임원, 이사, 피고용인들에게 적용할 행위기준을 채택할 것을 요구하며 이러한 행위기준은 제406(c)조의 윤리기준과 일치해야 하고, 이 기준을 공개적으로 이용하도록 하고 있다.[16] 또한 주식 보상제도를 제정하거나 중대한 변경을 할 경우 유가증권을 발행하기 전에 주주의 승인을 받도록 하고 있다.[17]

---

12) 새로운 Nadaq Rule, §4200(a)(15) ; 백정태, "엔론사태 이후의 새로운 미국의 지배구조", 「한국상사법연구 제23권 4호」, 한국상사법학회, 2005, p.170
13) 백정태, "엔론사태 이후의 새로운 미국의 지배구조", 「한국상사법연구 제23권 4호」, 한국상사법학회, 2005, p.173.
14) 새로운 Nasdaq Rule §4350(c)(3).
15) 백정태, 전게논문, p.173.
16) 새로운 Nasdaq Rule §4350(n).
17) 새로운 Nasdaq Rule §4350(i)

2. 영국

영국의 기업지배구조는 기본적으로 미국과 같은 시장중심의 기업지배구조로서 내부적으로는 이사회가 경영통제의 핵심적인 기능을 수행하고 있다. 즉 영국법상 주식회사의 이사회는 미국과 같이 경영기능과 감시기능을 동시에 수행하는 일원적인 지배구조로 되어있다. 또한 영국 기업들의 이사회는 상임이사와 사외이사로 구성되는데 상임이사는 경영전반을 책임지며 사외이사는 상임이사를 감시·견제하는 역할을 수행한다.[18)

영국에서의 기업지배구조문제는 통합규범과 회사법으로 다루어지고 있고 다음에서는 최근 개정된 기업지배구조에 관한 통합규범과 회사법 현대화를 위한 개혁에 관해 살펴보도록 하겠다.

1) 기업지배구조에 관한 통합규범

영국에서 기업지배구조에 관한 논의가 활발히 진행된 계기는 미국에서 마찬가지로 1980년대 후반의 대기업의 부실경영이었다. 이를 계기로 캐드베리 위원회(Cadbury Committee)와 그린베리 위원회(Greenbury Committee) 및 함펠 위원회(Hampel Committee)가 보고서를 작성하고, 런던 증권거래소가 이들 권고안을 통합하여 모범규준을 제정하고 이를 준수할 것을 상장기업들에게 권고하였다.[19)

---

18) 정기승, 「금융회사 지배구조론」, 2007. 9, pp.213-214.
19) 강희갑, 「회사지배구조론」, 명지대학교 출판부, 2004.

(1) 캐드베리 보고서 : Cadbury Report

1992년 12월 대기업 경영의 공정성과 투명성 확보를 위하여 캐드베리 보고서는[20] 이사회의 구성, 회계감사, 회사지배구조에 있어 주주의 역할에 대해 최선의 모범규범을 공표하였는데, 이 보고서에서는 상장회사의 이사회에 대한 비업무집행이사(non-executive director)의 영향력을 강화하고 있는데[21] 그 내용은 다음과 같다.

i) 비업무집행이사(non-executive director)는 회사의 전략과 실행, 정보에 대해 독립적인 판단을 해야 한다(제4.11조).

ii) 비업무집행이사(non-executive director)는 회사의 정보에 대한 접근에 있어 업무집행이사들과 동일한 권리를 갖는다(제4.14조).

iii) 새로 선임된 이사들을 위한 이사협회와 경영대학에서 운영하는 교육과정이 있으며 이사들을 훈련하고 개발시키는 것은 좋은 지배구조를 위한 중요한 문제이다(제4.20조).

iv) 이사회의 효과는 감사·보수·지명위원회와 같은 위원회에 의해 지지된다(제4.21조).

v) 비업무집행이사들은 업무집행이사의 보수결정과 업무집행이사의 업무 감독의 기능을 담당해야 한다. 모든 등록회사는 감사위원회를 설치할 것을 권고한다(제4.35조).

vi) 특히 이사회의 감독기능은 적어도 3명 이상의 비업무집행이사만으로 구성되는 감사위원회에서 담당하게 하여 그 실효성을 담보하고, 이사회의 주주들에 대한 책임을 강화해야 한다고 한다(제4.35조(b)).

---

20) Report of the Committee on the Financial Aspects of Corporate Governance, 1992.
21) Paul Davies/ D.D. Prentice, *op. cit,* p.193.

그러나 소규모 상장회사의 경우 비업무집행이사의 효율성에 관해 의문을 제기하고 있다.[22]

(2) 그린베리 보고서
:Greenbury Report & Code of best Practices

1995년 7월 영국 산업연맹이 주도하는 그린베리 위원회는 이사의 보수에 대한 모범 규준을 공표했다.[23] 그 내용을 살펴보면 다음과 같다.

 ⅰ) 이사회는 잠재적인 이익의 충돌을 피하기 위해 집행임원의 보수와 연금에 대한 권리 등을 결정하기 위해 보상위원회를 설치해야 한다(제A1조).
 ⅱ) 보상위원회는 전원이 회사의 경영이나 재정적인 이해관계가 없는 비업무집행이사로 구성된다(제A4조).
 ⅲ) 보상위원회의 구성원은 주주들에 대한 매년의 보고서에 기재되어야 한다(제A5조).
 ⅳ) 보상위원회는 이사회의장과 최고경영자에게 그들의 제안서에 대해 조언을 한다(제A7조).
 ⅴ) 보상위원회는 이사회를 대표하여 매년 주주들에게 보고를 해야 한다(제B1조).

(3) 함펠 보고서 : Hampel Report

1998년 1월 함펠 위원회는 캐드베리 보고서와 그린베리 보고서를

---

22) 최준선, "미국과 영국의 회사지배구조와 그 동향, 회사지배구조개선의 법적 제 문제", 한국비교사법학회 창립 제5주년 기념학술대회, 1999, p.61.
23) Directors' Remuneration: Report of a Study Group Chaired by Sir Richard Greenbury(1995).

재검토하여 지배구조에 관한 최종보고서를 공표하였는데[24], 그 내용은 다음과 같다.

i) 이사회는 업무집행이사와 비업무집행이사의 균형을 이루어야 한다(제2.4조 Ⅲ).

ii) 공개회사의 최상위에는 이사회의 의장과 회사의 경영에 대한 최고경영자의 두 기관이 있고 이 두 가지 역할을 한 사람에게 겸임하게 하는 결정은 공개적인 설명이 있어야 한다(제2.3조 Ⅱ). 즉 이사회 의장은 이사회와 주주들의 승인에 대하여 이사회 구성원의 중립을 유지하고, 모든 이사들과 집행임원, 비업무집행임원 모두가 그들의 역할을 할 수 있도록 보장해야 하는 책임이 있다. 최고경영자는 회사를 경영하고 이사회에 의해 채택된 정책과 전략을 실행한다(제3.16조). 캐드베리 보고서는 이사회의장과 최고경영자의 역할을 분리할 것을 권고한다. 만약 이 역할들이 한 사람에게 주어진다면, 상당한 권력의 집중을 나타난다(제3.17조).

iii) 이사회 기능의 유효성은 특히 비업무집행이사들을 포함하여 적절한 시기에 양질의 정보를 제공받는데 달려있으며 경영진은 적당한 정보를 제공할 의무가 있다(제3.4조).

iv) 이사에 처음 선임된 이사는 이사의 의무에 대해 교육을 받아야 하는데 이는 이사회의 책임이다. 또한 때때로 새로운 법과 규정, 경영의 위험에 대해 훈련을 받아야 한다(제3.5조).

v) 이사의 보수에 관해서는 비업무집행이사로 구성된 보상위원회를 설치하고, 보상위원회에서 보수에 대한 정책과 이사 개개인에 대한 보수 계획을 검토해야 한다(제4.11조).

---

24) Hampe Report, paragraph 5.1 ; 강화갑, 전게서, p.37.

4) 런던 증권거래소의 통합규범
: London Stock Exchange's 'the Combined Code'

1998년 6월 함펠위원회가 캐드베리 규범과 그린베리 규범에 함펠 최종보고서의 지배구조 원칙을 추가하여 새로운 규범을 마련하여 이를 통합규범이라 부른다. 그러나 2003년 6월 런던 증권거래소가 마련한 '회사지배구조에 관한 통합규범'은 1998년 6월의 회사지배구조에 관한 함펠 위원회의 통합규범을 대체하는 것으로, 런던 증권거래소의 통합규범은 데릭 힉스(Derek Higgs)가 주도한 "비업무집행이사의 역할과 효과 대한 검토"와 로버트 스미스(Sir Robert Smith)가 주도하는 "집단에 의한 감사위원회에 대한 검토"를 기초로 하고 있고,[25] 그 내용은 다음과 같다.

ⅰ) 이사회는 어떠한 개인이나 적은 수의 집단에 의해 이사회의 결정이 지배되지 않도록 집행이사(executive director)와 비업무집행이사(non-executive director), 특히 비업무집행 독립이사(independent non-executive director)의 균형을 갖추어야 한다(제A.3조),

ⅱ) 이사회는 매년의 보고에서 각 비업무집행이사들이 독립적이라는 것을 확인해야 한다. 이사회는 이사가 그 성격, 판단, 이사의 결정에 영향을 미칠 수 있는 관계나 환경적 측면에 있어 독립적일 수 있는지를 결정해야 한다. 이사회는 외형적으로 결정에 영향을 미칠 수 있는 관계나 환경에 있는 것으로 보일 수 있음에도 독립적 이사로 인정하였다면 그 이유를 밝혀야 한다(제A.3.1조).

---

25) The Combined Code, www.fsa.uk/pubs/ukla/lr_comcode2003.pdf

iii) 작은 회사 즉 최근 1년 동안 FTSE 350 이하인 회사를 제외하고 적어도 의장을 제외하고 이사회의 반 이상은 독립적인 이사회에 의해 결정된 비업무집행이사로 구성되어야 한다(제A.3,2조).

iv) 이사회는 독립적인 비업무집행이사들 중에 한 사람을 주임독립이사로 지명해야 한다. 주임독립이사는 의장, 집행의원(CEO), 재정이사와 통상적인 경로를 통해 협력하는 것이 실패하여 문제를 해결하는데 실패하거나 그러한 교섭이 적절하지 않을 경우에는 주주들에게 유효한 수단이 될 수 있다(제A.3.3조).

v) 이사회에 후보를 추천하고 구성원을 지명하기 위한 과정을 수행할 수 있도록 지명위원회를 두어야 한다. 지명위원회의 대부분은 독립적인 비업무집행이사로 구성되어야 한다. 이사회 의장이나 독립적인 비업무집행이사는 위원회의 의장이 된다. 그러나 의장이 의장직을 계승하기 위한 의장후보의 지명에 관한 문제를 다룰 때는 지명위원회의 의장이 될 수 있다(제A.4.1조).

vi) 이사회는 이사가 그 의무를 시기적절하게 이행할 수 있도록 적절하고 공식적인 정보를 제공해야 한다(제A.5조). 모든 이사들은 이사회의 직무수행을 위하여 회사 비서가 직무를 이행할 것과 그 조언을 구할 수 있다(제A.5.3조). 이사회는 매년의 보고서에 이사회와 이사회의 위원회, 각 이사들이 수행한 업무에 관한 평가의 이행여부에 대하여 공시해야 한다. 주임독립이사의 지휘 하에 비업무집행이사들은 집행이사들의 관점을 반영하여 의장의 업무수행에 대한 평가에 대해 책임이 있다(제A.6.1조).

vii) 보수의 수준은 회사를 성공적으로 경영하기 위해 필요한 자질

을 갖춘 이사를 확보하고 충분한 동기를 유발할 수 있어야 한
다. 그러나 회사는 이러한 목적달성을 위한 필요 이상의 보수
를 지급하는 것을 피해야 한다(제B.1조). 집행이사들의 보수의
구성항목의 상당 부분은 업무성과와 관련되게 형성하여야 하고,
주주들의 이익과 일치하도록 하여야 하며, 이사들이 최고의 능
력을 발휘할 수 있도록 인센티브를 주어야 한다(제B.1.1조).

viii) 이사회는 적어도 3명(규모가 작은 회사의 경우에는 2명)의 독
립적인 비업무집행이사로 구성되는 보상위원회를 설치해야 한
다(제B.2.1조).

ix) 이사회는 적어도 3명(규모가 작은 회사의 경우에는 2명)의 독
립적인 비업무집행이사로 구성되는 감사위원회를 설치해야 한
다(제C.1조). 감사위원회의 주요한 역할과 책임은 정기적으로
문서로 된 보고서를 제출하고, 회사의 재무제표의 완전성과
회사의 재정활동과 관련된 공식적인 공시를 감시하며, 그 속
에 포함되어 있는 중요한 재정적 판단을 검토하는 것이다(제
C.3.2조). 감사위원회는 내부 감사활동의 효율성을 감시하고
감독하여야 한다(제C.3.5조).

x) 비록 비업무집행이사와 업무집행이사가 이사회의 구성원으로
서 법적 의무와 그 목적이 동일하더라도, 회사의 업무를 집행
함에 있어서는 업무집행이사보다 비업무집행이사의 비중이 더
적으며, 회사의 업무에 대한 전문적인 지식이나 경험에 대해
서는 업무집행이사에 비해 비업무집행이사에게 기대되는 것이
적다. 이러한 문제는 비업무 집행이사에게 기대되는 정보에
대한 접근, 기술, 경험과 관련이 있다. 비업무집행이사는 그들
자신이 적당한 업무의 전수, 정기적인 자기개발, 그들의 능력
과 지식을 새롭게 하고, 회사와의 친밀성을 가질 수 있도록

하여야 한다.(Schedule B: Code principle 제A.5조 and 제A.5.1
조). 또한 적당한 정보를 선별, 수집하고, 필요시 적당한 전문
적인 조언을 받아들이고 따라야 한다(Code principle 제A.5조
and provision제A.1.4조). 비업무집행이사들은 관심이 있는 회
사의 운영 부분이나 이사회에 의해 제안된 사안, 이사회 기간
동안 기록된 것을 준수해야 한다(Code provision 제A.1.4조).
회사의 이사로서 특정한 상황 하에 요구되는 주의의무, 능력,
성실성은 각 비업무집행이사에 따라 달라지며, 법원은 이러한
의무의 이행 여부에 대해 모든 상대적인 상황을 고려하여야
한다. 따라서 비업무집행이사들의 책임은 상대적인 문제라는
것을 고려하는 것이다.

xi) 매년의 보고서에는 이사회에 의해 어떠한 결정이 이루어 졌으
며 누가 경영진으로 선임되었는가와 같은 높은 수준의 보고를
포함해야 한다(Schedule C: 제A.1.1조). 즉 의장, 부의장이 있
으면 부의장, CEO, 주임독립이사, 지명위원회·감사위원회·보
수위원회의 의장과 구성원들(제A.1.2조)의 성명, 이사회와 위
원회 회의의 개최 횟수, 이사 개인들의 이사회 참석 횟수(제
A.1.2조), 이사회와 그 위원회의 활동, 이사들의 활동에 대한
평가(제A.6.1조)를 기록해야 한다.

3. 독일

독일의 기업 지배구조는 미국과 영국으로 대표되는 Anglo-Saxon
국가들의 기업지배구조와는 뚜렷이 다른 특징들을 가지고 있다[26].
즉 첫째, 독일은 급격한 산업화과정에서 직접 금융을 통하기보다 은

행을 통한 대출을 주요 자금원으로 사용하였다. 독일의 기업들은 장기적인 기업-은행 간의 시스템을 바탕으로 화학, 자동차, 기계제작, 전자 산업에 집중하여 안정적인 산업에 집중하였고 이러한 지배구조에 의해 발전에 따른 신속한 변화가 어렵게 되어 저성장 고실업의 요인이 되었다.

둘째, 독일의 지배구조는 노동자를 이해관계의 한 축으로 인식하여 경영참여를 보장하였는데 이로 인해 고비용이 발생하고 주주의 이익이 상대적으로 무시되어 왔다.

셋째, 독일의 주주들은 제도적으로도 무시되어 왔다. 경영이사회, 노동자, 채권자로서의 은행의 대리 의결권 등에 의해 위험 회피적 경영을 유도함으로서 새로운 성장 기회를 제약했다.

독일의 기업지배의 또 다른 특징은 이원적 이사회제도와 노사간의 협력, 그리고 근로자의 경영참여가 보장되어 있다는 것이다. 독일의 주식회사법은 이원적 이사회제도를 두고 있는데 해당회사의 경영 업무에만 관여하는 경영이사회(Vorstand)와 사외이사로 구성되어지는 감사이사회(Aufsichtsrat) 로 이루어져 있다. 독일 대기업에 있어 감사이사회 제도는 거의 의무화 되어있다. 또한 근로자의 경영참여를 보장하는 공동결정법은 1951년 제정되어 철강 및 탄광에만 적용되다가 1956년 다른 산업분야로 확대 되었다. 이는 주주의 권익 보호가 기업지배 구조의 핵심인 영미 식의 이사회체제와 다르게 근로자, 경영자, 투자자의 입장을 포괄적으로 고려하는 복수적 이해관계체계이다.27) 이에 대해 자세히 살펴보자면 다음과 같다.

---

26) 권순희, "미국과 독일의 기업지배구조와 최근 동향에 관한 비교 검토", 「상사법연구 제21권 제4호」, 한국상사법학회 2003, p.187.
27) 안석교, 『독일의 사회적 시장경제와 기업의 지배구조』, 무역경영연구원, 1999. pp.75.

1) 경영이사회(Vorstand)의 역할과 구성

독일 기업의 이사회는 순수하게 사내이사로 구성되며 전적으로 회사 경영에만 전념한다.[28] 주식법 제76조 제1항에는 '이사회는 자기 책임 하에 회사를 경영할 의무가 있다'고 규정하고, 주식법 제91조 제2항에서는 '이사회는 회사의 존속을 위협하는 상황들을 미리 알 수 있도록 적절한 조치들 특히 감독시스템을 강구해야 한다'고 규정하고 있다. 따라서 이사회는 회사를 위태롭게 할 요인을 사전에 탐지하여 적절한 예방책을 강구할 의무가 있으며, 이러한 의무를 이행하지 않는 경우 주식법 제93조 제2항에 의해 손해배상책임을 질 수도 있다.[29]

주식회사의 경영에 관해서 주식법은 공동대표와 공동업무집행을 원칙으로 하고 있으며 임기는 최소 5년으로 재임용도 가능하다(주식법 제84조). 이사회는 그 경영활동 중 일반에게 공개되지 아니한 새로운 사실이 발생할 경우 그것이 회사의 재산 및 수익상태 또는 일반적인 영업과정에 미치는 효과로 인해 당해 회사의 상장 유가증권의 시세에 중요한 영향을 미칠 수 있는 것인 경우에는 지체 없이 이를 공시해야 한다(독일 증권거래법 제15조).[30]

보수는 전통적 방식에 의하는데 최근에는 콘트라법에 의해 스톡옵션이 도입(주식법 제192조 제2항)되었다.[31] 경영이사는 감사회에서 임면되고, 이사회의 구성원이 복수인 경우 감사회는 이들 중 1인을 이사회 의장으로 선임할 수 있고(주식법 제84조 제2항), 이사회 의장

---

28) 권순희, 전게논문, p.187.
29) 강희갑, 전게서, p.99.
30) 강희갑, 상게서, p.99.
31) 권순희, 전게논문, p.188.

은 이사회를 주재하고 가부동수인 경우에 결정권을 행사할 수 있다
(주식법 제77조 제1항 2문). 경영이사회의 의사결정은 일반적으로 투
표보다는 합의에 의해 이루어지고 이 과정에서 만장일치가 되지 않
으면 그 사안은 연기되거나 철회된다. 이사회 구성원의 수는 회사의
규모에 따라 차등화 되어 있는데, 평균 4-5명으로 규모가 적은 편이
다(주식법 제76조). 독일 기업이사의 경력은 약 40% 정도가 내부승
진자로, 외부인사가 이사로 초빙되는 경우가 더 많았다. 이때, 주로
신문공고(46%)가 이용되며, 주주가 지명하는 경우(26%), 그리고 감
사회의 추천에 의한 선임도 있다.32)

2) 감사회의 역할과 구성

(1) 구성

독일의 감사회는 1870년 상법 개정에 의하여 처음 도입되어, 1937
년 주식법 제정에 의하여 순수한 경영감독기관이 된 주식회사의 필
수기관이다. 감사회는 회사의 장기전략 또는 중요결정(기업인수, 처
분, 주요조직개편)에 대한 사전 승인 또는 사후보고를 받으며, 이사의
임면과 이사회에 대한 경영감독, 이사와 회사간의 법률관계에 있어
회사의 대표 등의 역할을 수행한다.33) 독일 기업의 감사회는 종업원
대표를 제외하고는 순수한 외부감사로 구성되는데, 종업원 및 노조대
표(96%) 다음으로는 은행대표의 비중이 70%로 가장 높다. 그 다음은
투자자 및 주주(61%), 전임 이사(43%)의 순이다.34) 따라서 독일기업
의 감사회 구성은 종업원 대표가 주주와 동등한 비율로 참여하도록

---

32) 최연혜, "독일의 기업지배제도", FES－Information－Series, 1998, p.4.
33) 강희갑, 전게서, pp.100-101.
34) 최연혜, 전게논문, p.4.

제도화되었다는 점과 수적으로든 질적으로든 감사회에서 은행의 역할이 큰 비중을 차지한다는 점에 특색이 있다고 할 것이다.[35]

공동결정관련법령이 적용되지 않는 한 감사회 구성원인 감사는 특별히 예외적인 경우를 제외하고는 원칙적으로 주주총회에서 임면한다(주식법 제101조 및 103조).[36] 공동결정관련법령이 적용되는 경우에는 근로자 측 감사의 임면에 관하여 별도의 규율을 받는다. 즉 공동결정법(MitbestG)[37]에 의하면 상시 종업원 2000명 이상인 기업은 감사회 구성의 1/2은 주주총회에서, 나머지 1/2은 종업원 및 노조대표 중에서 선임된다(공동결정법 제7조). 대부분은 기존의 감사회나 경영이사회에서 추천하는 인사들이 주주총회에서 형식적인 절차를 밟아 선출된다. 그러나 실질적으로 감사선임에 가장 큰 영향력을 행사하는 그룹은 기관투자가, 즉 은행으로 조사되고 있다.[38] 감사회는 공동결정관련법이 적용되지 않는 한 3인의 감사로 구성되고(주식법 제95조 제1문), 공동결정법, 몬탄공동결정법, 공동결정보충법 기타 관련 특별법령이 적용되는 회사의 경우에는 근로자 대표가 감사회에 참여하므로 별도의 규율을 하고 있다(주식법 제96조, 공동결정법 제7조 제2항 및 제15조 제2항, 몬탄공동결정법 제4조 제1항, 공동결정보충법 제5조, 1952년 경영조직법 제76조 제1항).[39]

감사회 의장은 경영이사회의 임원진이 추천하여 주주총회에서 선출되는데, 공동결정법에서는 감사회 의장은 사용자대표 측에서 부회

---

35) 최연혜, 상게논문.
36) 강희갑, 전게서, p.100.
37) 공동결정법은 제2차 대전 이후에 법제화되어, 1951년 철강 및 탄광산업에만 적용되어 오다가 1956년 다른 산업분야로 확대되었는데, 독일의 사회적 시장경제 이념을 실현하는 중요한 수단으로 시장경제제도의 효율성과 함께 경제적 형평성의 조화를 모색하고 있다.
38) 권순희, 전게노문, p.189.
39) 강희갑, 전게서, p.100.

장은 종업원대표 측에서 선출하도록 규정되어 있다.[40)]

공동결정법이 적용되는 회사의 감사회 의장은 감사회 결의가 가부 동수인 경우 2개의 투표권을 가지고 결정권을 행사하게 되는데(공동 결정법 제29조, 제31조), 주주대표에 의해 선출되는 감사회 의장에게 이런 결정권을 부여함으로써 감사회가 노사동수로 구성되어 있더라 도 주주 측은 감사회 의장의 결정권을 통해 확실한 우위를 보장받게 된다.[41)]

(2) 기능

감사회의 임무는 이사를 임면하고, 이사회의 업무집행에 대한 감 독과 이사와 회사 간의 법률관계에 있어 회사를 대표하는 것 등이 다. 이 중에서 감사회의 가장 중요한 기능은 이사회의 업무집행에 대한 감독으로(주식법 제111조 제1항), 업무의 적법성뿐 아니라 합목 적성, 경제성까지 심사한다. 또한 이미 집행된 업무 뿐 아니라 현재 계획 중인 장래의 경영계획까지 심사한다. 이사회는 감사회의 감독 기능의 효과적인 수행을 위해 감사회에 일정 사항을 보고할 의무가 있다(주식법 제 90조). 감사회는 예외적으로 정관으로 또는 감사회가 업무집행권에 대해 동의권을 가질 수 있다는 것을 규정할 수 있는데 (주식법 제111조 제4항 제2문), 이 경우 감사회가 동의를 거절할 수 도 있으므로(주식법 제111조 제4항 제3문 내지 제5문) 업무집행에 대해 동의를 하는 방법으로 경영에 관여할 수 있게 되어 있다. 이러 한 감사회의 경영감독권은 회계전문가인 결산감사인의 조력에 뒷받 침된다. 즉 감사회는 결산감사인으로 하여금 당해 회사 및 콘체른의

---

40) 이영기, "글로벌 경쟁시대의 한국 기업소유지배구조", 한국개발연구원,
    1998, p.69.
41) 권순희, 전게논문, p.189.

결산재무제표에 대하여 회계검사를 하도록 위임할 수 있다(주식법
제111조 제2항, 제172조 제1항 제2문).

(3) 위원회

감사회의 효율적이고 상시적인 경영감독을 위하여 1998년 콘트라
법(KonTraG) 개정에 의해 독일의 주식법(AktG) 제107조 제3항 제1
문은 감사회의 의사와 결의를 준비하거나 결의의 감독을 하게 할 목
적으로 감사회 내에 한 개 또는 수 개의 위원회를 설치·운영할 수
있도록 규정하고 있다.[42] 이는 1998년 콘트라법(KonTraG)에 의해
명문화된 것으로 이미 대기업에서는 실무상 Bilanzauschuβ(감사위원
회)가 설치·운영되는 예가 적지 않았다.[43] 감사회 위원회의 종류는
보통 인사위원회, 재정위원회, 투자위원회, 결산위원회 등을 들 수
있으며, 주로 이사의 임용계약의 체결과 변경 등에 관한 사항을 결
정하는 인사위원회의 경우 거의 모든 회사에서 운영되고 있다. 그러
나 위원회가 감사회 자체를 대신하는 것은 아니고 그 권한이 법적으
로 상당히 제한되어 있다(주식법 제107조 제3항 제2문). 이 법에 의
해 독일 주식법이 대폭적으로 개정되었는데, 구체적으로 어떤 위원
회를 어떻게 둘 것인가는 전적으로 감사위원회에 위임되어 있다. 이
때의 개정은 감사회제도와 결산검사제도의 개선, 기업의 투명성 제

---

42) Claussen, Wie ändert das KonTraG das Aktiengesetz? DB 1998, S. 177 ff.
    ; Forster, Zum Zusammenspiel von Aufsichtsrat und Abschlussprüfer nach
    dem KonTraG, AG 1999, S. 193 ff. ; Fuesser/Gliessner/Meier,
    Risikomanagement(KonTraG), DB 1999, S. 753 ff.; Hommelhoff/Mattheus,
    Corporate Covernance nach dem KonTraG, AG 1998, S. 249 ff.;
    Lingemann/Wasmann, Mehr Kontrolle und Transparenz im Aktienrecht,
    DB 1998, S. 853 ff. 권기범, "독일 및 EU에서의 회사지배구조", 「비교사
    법 제6권 제2호」, 한국비교사법학회 1999, p.37.
43) 권기범, 상게논문, p.37.

고, 주주총회에 의한 경영통제의 강화, 1주의 1의결권 원칙의 관철, 자금조달제도의 보완, 금융기관의 영향력제한 등을 주요 내용으로 하고 있다.[44)]

3) 은행에 의한 감독체제

독일의 은행 역시 독일 기업지배구조에 중요한 요소이다. 독일의 은행들은 기업 주주들의 의결권을 대리투표 형태로 위임받아 감독 이사회 구성에 직접 참여하여 최고 경영자 선택에도 간접적으로 영향을 미친다. 은행은 이사와 임원들과 장기적 친밀 관계를 유지하고 기업의 감독에서 전략적 의사 결정까지 영향을 미친다. 독일의 은행은 이를 통해 기업의 불확실성을 줄여주고 도덕적 해이나 잘못된 의사결정의 가능성을 낮추고 채권의 적절한 관리를 통해 자금의 공급을 촉진 시켰다.

4. 프랑스

프랑스의 기업지배구조의 특징은 첫째, 기업의 소유권 집중도가 높다. 둘째, 광범위한 가족 경영이 이루어진다. 셋째, 지주회사의 역할이 두드러진다는 이 세 가지로 요약할 수 있다. 프랑스의 비상장기업 중 약 40%는 개인들이 최대주주로서 자본의 50%이상을 소유하고 있으며, 의결권의 30%정도를 보유하고 실제로 경영권을 행사하고 있

---

44) 유진희, "한국상법의 미래－최근 독일 상법(총칙·회사법) 개정을 바라
     보며－", 제1회 한국법학자대회논문집(Ⅰ), 1998, pp.889-900.

다.45) 프랑스는 중앙집권적 성향이 강하기 때문에 경제에 대한 정부의 개입이 강하고, 기업문화에도 가부장적인 문화의 영향이 남았지만, 최근에는 기업에 대한 정부의 직접적 통제가 축소되고 있으며, 자금조달에서도 주식시장의 중요성이 확대되고 있다. 또한 외국의 기관투자가들의 진출로 인해 회사지배구조 개선을 유도하고 있다.46)

프랑스의 주식회사는 회사의 정관 규정에 의하여 대표이사 중심의 일원적 제도인 전통적 이사회제도(la structure traditionnel)와 이사회를 업무 집행이사와 업무감독 이사회로 분리하는 이원적제도인 신이사회제도(la structure nouvelle)를 선택하여 운영할 수 있도록 하고 있다(신회사법 제118조). 일원제 주식회사에서는 이사회를 중심으로 회사를 경영하고(신회사법 제89조 제1항), 이사회가 선임한 이사회 의장(president)이 업무 전반을 지휘하게 되며(신회사법 제110조 제1항, 제113조 제1항), 이사회는 사장을 보좌하는 집행임원을 선임할 수 있게 되어 있다(신회사법 제115조). 이원제의 주식회사에서는 독일의 경우처럼 업무집행기구와 감독기구를 분리한 것으로 회사의 업무는 업무집행위원회가 수행하고(신회사법 제119 제1항), 이 집행위원회의 업무집행에 대해 감사회가 감독기능을 수행하게 된다(신회사법 제128조 제1항, 제119조 제3항).47)

---

45) Bloch, L. & Kremp, E. *Ownership and Voting Power in France*, Oxford University Press, 2001, pp.106-127.

46) Murphy, Antoin E., Corporation Ownership in France-The Importance of History, NBER Working Paper, National Bureau of Economic Research, 2004 ; 신현한, "기업지배구조의 세계사 리뷰", 「기업지배구조리뷰 통권 20호」, 한국기업지배구조개선지원센터, 2005, pp.44-63.

47) 강희갑, 전게서, p.79.

1) 전통적 이사회제도

프랑스의 전통적 이사회제도에 따르면 주식회사의 업무집행기관은 일반이사회(le consil d`administration)이다. 이사회는 법률 또는 정관에 명시적으로 규정되어 있는 사항을 제외하고는 회사의 모든 업무를 집행한다.(상사회사법 제98조 제1항) 단 회사의 제3자에 대한 법률관계에 있어서는 대표이사(le président)가 회사를 대표하고 지휘 전반을 담당하며(상사회사법 113조 제1항) 대표이사를 보좌하기 위하여 전무이사(directeur général)를 둔 경우에는 이러한 전무도 제3자에 대하여 회사를 대표한다. (상사회사법 제115조, 제117조 제2항)이러한 대표이사는 회사의 업무 집행에 관하여는 법률 및 정관에 의하여 주주총회와 이사회에 부여된 업무를 제외한 회사의 업무를 집행한다.(상사회사법 제 113조 제2항). 따라서 이사회와 대표이사 간에 업무집행에 관한 권한의 한계를 정하는 것이 종종 문제가 된다. 즉 이사회는 대표이사의 능력과 인격에 따라 그 권한을 달리 정하는데, 종종 강력한 대표이사에게는 많은 권한을 부여하므로 이에 따라 그의 권한의 남용이 문제가 될 수 있다.[48]

이러한 전통적 이사회제도 하에서 대표이사의 업무에 대한 감독기관은 이사회이다(상사회사법 제 98조). 다만 회계감사를 위하여 별도의 기관으로 회계감사인이 있다. 회계 감사인은 주주총회에서 선임되는데 1인 이상이어야 하며 회계 전문가인 자연인 또는 법인이어야 한다.

프랑스의 이사회 구성 실태를 살펴보면 일원제 이사를 선택하고 있는 회사에서 이사회는 의장을 포함하여 평균 10명으로 구성되어 있고,

---

[48] 박상조, "불란서주식회사법상 이중 구조적 이사회제도의 연구", 「현대상사법의 제문제(설성 이윤영선생정년기념논문집, 1988)」, pp.305

이사의 20%는 회사의 전임 종업원이나 경영자이다. 나머지 이사의 80%는 현재 회사의 종업원이 아닌 사외이사이고 그 중 7%는 전 종업원이다. 사외이사 중에 가장 많은 것은 제조회사의 업무 집행자이고, 다음에 은행가, 상사회사의 업무집행자, 기타 금융기관의 대표자 등이다.[49] 프랑스에서 노동자의 경영참가 방식은 50명이상을 고용하고 있는 모든 회사는 종업원에 의하여 선출된 위원으로 구성된 기업위원회를 두어야하고 그 위원회는 회사의 업무, 투자계획, 기타 고용에 영향을 미치는 사항에 대하여 보고를 받을 권리를 갖는다.[50]

프랑스의 이사회의 구성원 중 최소 1/3은 사외이사로 구성되나, 대부분의 응답자들은 이러한 법적 요건의 필요성을 인정하고 있고, 또한 사외이사의 비율이 증가되어야한다고 주장하고 있다.[51]

2) 신이사회제도

신이사회 제도는 업무집행과 감독기관이 나뉘어있는 형태로 업무집행이사회(le directoir)는 전통적 이사회에서 일반 이사회가 갖는 운영결정권 및 지휘권과 대표이사가 갖는 업무집행권이 결합된 기관으로, 법률에 의하여 주주총회 및 업무감독이사회(le conseil de survillance)에 명시적으로 유보된 업무를 제외한 회사의 모든 업무 집행 권한을 갖는다. (상사회사법 제124조 제1항). 신이사회제도에서 업무집행이사회의 권한이 업무 감독이사회에 유보될 수 있다는 것과 모든 업무집행이 업무감독이사회에 감사와 감독을 받는다는 면에서 그 기능이 축

---

49) 홍복기, "사내이사제도에 관한 연구", 현대상사법의 제문제, 법지사, 1988 p.142
50) 홍복기, 전게논문, p.142
51) 홍복기, 전게논문, p.143-144.

소되었다고 볼 수 있다. 또한 신 이사회의 제도는 독일의 이사회 (Vorstand)와 감사회(Aufsichtsrat)의 영향을 받은 것인데 업무 감독 이사회의 권한은 독일법상의 감사회의 권한보다는 약하다. 이는 프랑스 법상의 주주총회 권한이 독일법상의 주주총회권한 보다 강력하기 때문이다.[52]

신이사회제도를 선택한 경우에도 대표이사는 존재하는데 전통적인 이사회제도의 경우보다 선임 조건이 완화되어있다. 업무감독이사회는 신이사회제도 하에서 감독기관의 역할을 한다.(상사회사법 제98조) 감독의 범위는 업무집행에 관련한 경영권 즉 법률과 정관에서 규정하는 업무집행의 영역 그리고 회사의 이익과 불이익의 경영판단에 관련한 문제점을 중심으로 한다.

3) 회계감사인 제도

회계감사인(Commissaire aux Comptes)은 프랑스 신회사법상의 주식회사에 있어서 일원제하의 경영구조이든 이원제하의 경영구조이든 가장 중요한 경영감독기관이다. 주식회사는 감사능력의 확보를 위해 회계감사명부에 등록된 자 중에서 회계감사인을 선임하여야 하고(제219조 제2항), 회계감사명부는 항소법원의 관할구역마다 작성되고, 각각의 명부에 등록된 회계감사는 회계감사지역협회(companie régionale de commissaires aux comptes)를 구성하고 있다. 회계감사인은 주주총회의 결의로 선임되고(제223조 제1항), 임기는 6년으로 법정되어 있으며(제224조 제1항), 회계감사인은 자연인 또는 법인일 수 있다.[53]

---

52) 박상조, "불란서주식회사법상 이중구조적 이사회제도의 연구", 현대상사
　　법의 제문제설성이윤영선생정년기념논문집」 1988, pp.306
53) 법무부, 법무심의관실, 회사법 개정시안 주요내용, 2006년 7월 4일 공청

회계감사인은 원칙적으로 1인이면 되고, 연결계산서류의 공표 의무가 있는 회사만 2인 이상의 선임이 강제된다(1966년의 프랑스 신회사법 제218조 제1항), 회계감사인은 주로 회계감사를 수행하지만 회사 업무 전반의 적법성도 감사한다. 다만 회계감사인의 업무감사는 적법성의 심사에만 한정되는데, 경영난 예방을 위한 경고절차에서는 '경영의 계속성을 위협하는 성질의 사실' 유무에 대한 판단도 요구된다.[54] 회계감사인의 경영의 계속성을 위협하는 요인을 발견한 경우에는 사장 또는 집행회 회장에게 그 사실을 통지하고 충분한 답변이 없는 경우에는 그 사실을 이사회 또는 감사회의 의제로 할 것을 서면으로 요구할 의무가 있으며, 경영의 계속성이 위협받고 있는 경우에 회계감사인은 주주총회에 보고서를 제출하여야 한다(제230-1조).[55] 또한 회계감사인은 언제나 상당한 정도의 검사와 감사를 하고 임무수행에 유익하다고 생각되는 모든 서류, 특히 재무제표 및 의사록을 즉석에서 열람할 수 있다(1966년의 프랑스 신회사법 제229조 제1항). 이 조사권은 공공의 질서에 적합해야 하고 정관에 의해서도 제한할 수 없으며, 영업연도 중 언제든 행사할 수 있고 그 대상에도 제한이 없으나 회사의 올바른 운영을 방해하지 않도록 행사해야 한다. 회계감사인은 동일한 그룹에 속하는 회사, 즉 모회사 또는 자회사에 대해서도 조사권을 가진다(1966년의 프랑스 신회사법 제229조 제3항). 또한 피감사회사의 계산으로 임무를 수행한 제3자에 대해 조사를 할 수 있다(1966년의 프랑스 신회사법 제229조 제1항). 이 규정은 주주의 이익을 보호할 필요성에서 영업비밀 유지를 포기한 것이다.[56]

회 자료, p.279.
54) 강희갑, 전게서, p.84.
55) 법무부, 전게논문, pp.280-281.
56) 강희갑, 전게서, pp.84-86.

4) 비에노 보고서 : Viénot Report

비에노 보고서(Ⅰ)과 (Ⅱ)는 마리니보고서(Marini Report)[57) 보고서가 나온지 30년만인 1995년 7월과 1999년 7월에 공표되었다. 이것은 상장회사의 이사회의 직무권한, 구성, 운영에 관하여 권고를 하고, 1966년의 프랑스 신회사법의 개정을 촉구하고 있다.

(1) 이사회의 직무권한에 관한 권고

첫째, 비에노 보고에서는 이사회와 이사회 의장과의 관계에 대해 회사기관이 잘 기능하기 위해 이사회 내부의 권한 분배에 있어 이사회에 광범위한 재량을 인정해야 하다고 한다. 즉 기업전략을 세우고 이를 제안하는 것은 이사회 회장의 권한이고, 전략을 결정하고 전략상 중요한 거래를 검토하여 결정하는 것은 이사회의 권한으로 한다.[58)

둘째, 비에노 보고서(Ⅰ)[59)에서는 이사회 의장과 회사경영 담당자와의 분리 문제가 보편적인 대안은 아니라고 보고 있다. 대표이사가 이사회의 다수를 대표하면서 업무를 수행하는 경우에는 양자의 분리는 이익이 될 수 있으나 현재 프랑스에서 이러한 제한은 관행상 거의 일어날 수 없다. 또한 프랑스 신회사법은 선택을 인정하고 있으므로, 업무집행과 그 감독의 엄격한 분리를 원하는 회사는 이원제 기구를 채택할 수 있는데, 위원회의 견해로는 프랑스 대부분의 상장

---

57) 하창효, "주식회사 사외이사의 역할 제고를 위한 법적 고찰", 국민대 대학원 박사학위논문, 2006, p. 81 : 1966년의 프랑스 신회사법의 과잉규제 문제와 조문이 많은 것으로 인한 복잡성, 프랑스 상장회사 중 30%가 해외투자가에 의해 보유되고 있는 현실에 즈음하여 국제화의 요청에 부응하고 계약 자유의 영역을 확보하기 위해 마리니 보고서는 1966년의 프랑스 신회사법의 개정을 제안 함.

58) 강희갑, 상게서, p.92.

59) Viénot Report(Ⅰ), http://www.ecgi.org/codes/documents/vienot1_en.pdf.

회사가 일원제 기구를 채택하고 있다는 사실로 미루어 볼 때 양자의
엄격한 분리가 거의 모든 경우에 필요한 것은 아니고 효율적인 경영
과 효과적 감독을 위한 필요조건이 아닌 것으로 보고 있다. 그러나
비에노 보고서에서는 양자를 분리할 것인지에 대한 판단을 이사회에
위임하고 양자의 겸임을 강제하는 현행 규정(프랑스 신회사법 제113
조 1항)을 개정할 것을 제안하고 있다.[60]

(2) 이사회의 구성에 관한 권고

비에노 보고서는 주주와 사장에 대해 이사회가 독립성과 객관성을
가지고 그 직무를 수행할 수 있도록 적절히 보증할 수 있는 조치를
강구할 것을 제안하고 있다. 또한 독립이사를 회사 또는 그 그룹 내
의 회사와 직·간접적인 이해관계를 갖지 않으며, 이사회에 완전히
객관적으로 참여하고 있다고 볼 수 있는 이사로 정의하고, 상장회사
는 적어도 2명의 독립이사를 두는 것이 바람직하고, 다만 이사회의
최적 구성에 대해서는 각 이사회가 개별적으로 판단하도록 하는 것
이 타당하다고 한다. 이사회가 그 내부에 지명위원회를 둘 것을 권
고하고 만약 이를 두지 않을 경우 그 직무를 보상위원회에 위임해야
한다고 보고 있다.[61]

(3) 이사회 운영에 관한 권고

이사회내의 특별위원회에 대해 적어도 이사지명위원회, 감사위원
회를 두고 정기 주주총회 시 그 위원회의 존재와 모든 영업 연도
중 개최한 회의의 회수를 주주에게 공시할 것을 권고한다. 상장회사
의 모든 이사는 그 회사의 주식을 보유하고, 회사 전체의 대표자로

---

60) 강희갑, 전게서, pp.92-94.
61) 강희갑, 상게서, p.93

서 회사의 이익을 위해 행동할 것이며, 이사회의 심의에 필요한 정보를 취득할 것, 직무상 취득한 정보를 가지고 자사 주식의 거래를 하지 않을 것 등을 제안하고 있다. 또한 비에노 보고서(Ⅱ)에서는 연차보고서에 독립이사를 명백하게 하고, 이사회내의 위원회의 운영에 대해서는 위원회가 그 권한의 행사에 있어 이사회 의장에게 통지하고 회사의 주된 업무집행자와 연락을 하며, 그 권한 내의 사항에 대해 외부전문가에게 조사 의뢰를 인정한다. 이사회 내의 감사위원회에 대해서는 당해 회사와 그룹회사가 당해 회사의 감사인이 소속한 회계사무소에 대해 지급한 감사보수와, 상담보수액, 그 액수가 그 사무소가 그 연도에 받은 보수총액에 차지하는 비율, 당해 회사가 회계감사소속사무소에 상담직무를 의뢰한 사실을 매년 이사회에 보고할 것을 요구하고, 이사회 내의 지명위원회에 대해서는 회사 대표자의 후임인사에 대해 계획을 수립할 것을 요구하고 있다.62)

(4) 상장회사 업무집행자의 보수의 개시에 대한 권고

비에노 보고서(Ⅱ)에서는 상장회사의 업무집행자가 받는 보수에 대한 정보를 개시하도록 권고하고 있는데 이사가 받는 보수의 결정 방침을 설명하고, 업무집행자가 받는 모든 종류의 보수를 개시하며, 이사가 받는 이사회 출석 수당의 총액과 개별 금액을 표시할 것을 요구하고 있다.63)

(5) 이사에 관한 권고

비에노 보고서(Ⅱ)에서는 연차보고서에 각 이사의 연령, 그 중요한 직무, 그룹 외의 다른 상장회사의 겸임상황, 이사가 참가하는 이사회

---

62) 강희갑, 상게서, pp.93-95.
63) 강희갑, 상게서, p.94.

내의 위원회를 표시하도록 하고 있다. 또한 이사의 선임과 연임이 주주총회의 의제로 되는 경우 그 연차보고서와 주주총회의 소집 통지에 이사 후보자의 이력에 대한 개요와 보유하는 자사 주식의 수를 표시하도록 한다. 또한 업무담당이사가 그룹 외의 5개 이상의 상장 회사의 이사를 겸하는 것을 금지하고, 연결결산서류의 공표, 공개매수기간 중에는 특별총회의 결의로 증자의 권한을 이사회에 수여하지 않을 것을 권고하고 있다.[64)]

5. 일본

일본 주식회사의 경영구조는 업무집행에 관한 의사결정 및 감독기관인 이사회, 업무집행권 및 대표권을 행사는 대표이사, 감독기관인 감사가 있다. 즉 일본의 경영지배구조는 경영기관과 감독기관이 분리되어 운영되는 이원적 제도와 이사회가 경영감독권을 수행하는 일원적 제도가 혼용되어 있는 것이었다.[65)]

그러나 기업의 국제경쟁력을 제고하고 보다 효율적인 회사운영을 위해 2002년 상법개정이 이루어졌고, 이사회제도를 중심으로 하는 주식회사의 경영기구개혁이 이루어졌다. 그 내용은 다음과 같다.

우선, 대회사 및 준대회사의 경우 사외이사를 중심구성원으로 하는 각종 위원회를 설치하여 이사회의 감독기관으로서 역할은 강화하고, 업무집행은 집행역이 담당하며 감사역을 두지 않는 '위원회 등 설치회사'를 도입하였다. 2002년 4월에 개정된 상법이 정한 위원회

---

64) 강희갑, 상게서, p.95.
65) 안성호·이주윤, "법인 이사회제도의 개선방안", 한국법제연구원, 2004,
    p.56.

등 설치회사는 과반수가 사외이사로 구성된 지명위원회, 감사위원회, 보수위원회를 설치하는 것을 조건으로 하고 있다.

지명위원회는 주주총회에 제출한 이사의 선임 및 해임에 관한 내용을 결정할 수 있는 권한을 가지고 있고(동 특례법 제21조의8 제1항)[66] 동 위원회를 둔 목적은 회사 경영의 업무집행과 감시·감독의 명확한 기능분리를 도모하기 위함이다. 감사위원회는 그 구성이 다른 위원회와는 달리 감사위원이 위원회 등 설치회사 또는 그 자회사의 집행임원 혹은 지배인 기타 사용인, 당해 자회사의 업무를 집행하는 이사를 겸할 수 없다(동 특례법 제21조의8 제7항)[67]. 이러한 감사위원회의 권한은 ⅰ) 이사 및 집행임원의 직무 집행의 감사, ⅱ) 주주총회에 제출하는 회계감시인의 선임 및 회계감시인을 재임하지 않는 것에 관한 의안의 내용을 결정(동 특례법 제21조의8 제1항)하고, 감사위원의 권한은 ⅰ) 이사회 및 집행임원 등에 대한 직무집행에 관해 보고청구권, ⅱ) 업무재산보고권, ⅲ) 자회사조사권, ⅳ) 집행임원의 위법행위유지청구권 등의 권한을 가지고 있다(동 특례법 제21조의10 제1~5항).

보수위원회는 이사 및 집행위원이 받는 개인별 보수의 내용을 결정하는 권한을 가진다. 따라서 보수위원회는 이사 및 집행임원이 받는 개인별 보수 내용의 결정에 관한 방침을 정하고, 그 방침을 영업보고서에 기재해야 한다(동 특례법 제21조의 11). 개인별 보수의 내용을 보면 ⅰ) 확정금액으로 개인별 금액, ⅱ) 불확정금액인 경우에는 개인별 구체적 산정방법, ⅲ) 금전 이외의 것인 경우에는 구체적인 내용을 정해야 한다(동 특례법 제21조의11 제3항).[68]

---

66) 商法特例法21條の8 第4項.
67) 土屋數章·岡本久吉, 「コーポレート·ガバナンス- 基礎理論と實際」, 有斐閣, 2003, 정기승, 전게서, p.240.
68) 土屋數章·岡本久吉, 상게서, p.328. 정기승, 상게서, p.246, 재인용.

그리고 2005년 회사법제의 현대화 작업이 2002년부터 이루어졌는데, 동 법제의 현대화 및 실질 개정 두 부분으로 이루어졌고, 그 내용은 다음과 같다. 우선, 회사법제의 현대화로 현재의 카타카나어로 된 상법전중 회사법 부분을 히라가나로 현대화하는 것이고, 다음으로는 실질 개정으로 회사에 관련된 모든 제도간 규율의 불균형을 시정하는 것이다. 그 내용으로는 주식회사법과 유한회사법의 조정과 2002년의 개정으로 설치된 '위원회 등 설치회사'와 종래의 감사회설치회사 사이의 불균형의 시정 등을 들 수 있다. 또한 최근 사회경제의 변화에 대응한 각종 제도의 검토에 있다고 할 수 있다. 이에 관한 내용으로 기업 조직 재편의 대가 유연화나 LLC(Limited Liability Company)[69]의 도입 등을 들 수 있다. 이에 따라 「회사법」을 제정하면서 현행 「유한회사법」, 「주식회사의감사등에관한상법의특례에관한법률」 등을 폐지하게 된다.[70]

---

69) The Limited Liability Company or LLC는 유럽이나 라틴 아메리카의 전통적인 사업구조 형태라고 할 수 있다. 이러한 제도가 1977년 와이오밍주에 의해 처음으로 미국에 도입되었다. 최근 하와이주를 포함해 약 50개주와 워싱턴 D.C.도 LLC 입법의 한 형태를 채택하고 있다. 정기승, 상게서, p. 24.

70) 새로운 회사법은 상법 제3편의 회사법을 상법에서 떼어내고 유한회사법과 상법특례법 등을 합쳐서 하나의 단일법으로 재정되었다. 정기승, 상게서, p.248.

6. 주요국 은행의 경영지배구조

1) 미국 은행의 경영지배구조

미국의 주요은행에서는 주주총회에서 이사를 선임하여 이사회를 구성하고 이사회가 이사중에서 경영진을 선임하고 있다. 주요은행의 이사회는 16~19명의 이사로 구성되며 이중 사외이사가 13~16명으로 82~84%를 차지하고 있으며 행장, 부행장 등 경영진이 사내이사로 참석하고 있다. 사내이사 지명은 이사선정을 위한 주총안건에 경영진을 행장후보(이사회의장 및 이사후보), 부행장후보(이사회부의장 및 이사후보) 등으로 지명하는 형식을 취하고 있다. 행장이 이사회 의장을 겸임하는 것이 일반적이며 사외이사는 주로 기업의 현직 전문경영인이 주류를 이루고 있는데 이는 전문 경영인이 동종업계에 속하지 않는 여러 개의 회사에 사외이사로 참여하여 전문 경영인으로서의 능력을 평가받는 풍토에 기인한다.

〈표 3-1〉 미국 주요은행의 사외이사 현황

	Citibank		J. P. Morgon		Bank of America	
	1999년 4월	2006년 12월	1999년 4월	2006년 12월	1999년 4월	2006년 12월
이사수	17	8	16	13	19	13
사내이사	2	1	3	2	3	3
사외이사	15	7	13	11	16	10

자료: 한국은행(1999), 각 은행 홈페이지(2007)

　　이사회는 소위원회를 구성하여 분기 1회 이상 회동하고 있으며 소위원회가 행장 등 임원 및 이사후보 선정(임원 및 이사추천위원회), 경영전략 및 경영성과 평가(경영전략위원회), 감사 및 내부통제(감사위원회), 리스크관리(리스크관리위원회), 임원보수 책정(보상위원회) 등을 사전 검토하여 이를 이사회에 회부하는데 대부분의 소위원회는 사외이사가 주도하고 있다. 이사는 전원 사외이사로 구성되는 이사추천위원회가 이사후보(행장포함)를 주총에 추천하며 특히 모든 주요은행이 전원 사외이사로 구성되는 감사위원회(Audit Committee)를 두어 임원의 업무집행에 대해 감독 및 감사를 실시하고 있다. 감사위원회의 주요업무로는 이사회에 업무 및 회계감사. 내부통제, 감사보고서 작성을 담당하는 은행내 책임자를 추천, 회계제도 및 내부통제제도의 적정성과 내부감사보고서의 검토, 이사회에 외부감사인(회계법인)의 추천 및 외부감사에 관한 업무협의 등이 있다. 긴급한 경영상황은 행장, 부행장 및 2~3명의 사외이사로 구성된 집행위원회(Executive Committee)에서 결정하고 이를 사후에 이사회에서 추인하고 있다. 내부감사는 은행의 내부기관이 아니며 이사회(감사위원회)의 통제를 받는 내부직원이다. 한편 증권거래법에 따라 모든 상장회사는 공인회계사 또는 회계법인이 감사한 결산 제무재표를 증권거래소 또는 증권거래위원회에 제출하고 이를 공시하여야 한다. 미국의 주요은행에서는 형식상으로는 사외이사를 중심으로 구성된 이사회가 집행임원의 업무를 감독하는 행태를 갖추고 있으나 평상시에는 행장이 경영지배권을 장악하고 있다. 현직 행장이 이사회 의장과 집행위원회 위원장을 겸임하면서 사외이사의 선임에도 강력한 영향력을 행사하는 등 이사회를 지배하고 있다. 그러나 행장의 전횡 또는 무능력 등으로 경영성과가 부진하거나 행장이 무리하게 사업계획을 추진할 경우 기관투자가 등 주주의 압력을 받은 사외이사가 전문경영인으로서의 평판

손상을 우려하여 행장을 교체하거나 무리한 사업추진계획을 반대하는 등 행장을 견제하고 있다.

(2) 영국 은행의 경영지배구조

영국의 주요은행의 이사회제도는 사외이사 중심의 이사회 구성, 사외이사 중 기업 경영진의 높은 비중, 사외이사 주도의 소위원회 활동 등 미국의 경우와 거의 동일하다. 다만 이사회는 사외이사의 비중(약 60~70%)이 미국보다 다소 낮다. 또한 미국과는 달리 행장과 이사회 의장은 동일인이 아닌 경우가 많은데 이사회 의장은 주로 전임 행장이 담당하고 있다.

<표 3-2> 영국 주요은행의 사외이사 현황

	Barclays		Natwest		HSBC	
	1999년 4월말	2006년 12월 말	1999년 4월말	2006년 12월 말	1999년 4월말	2006년 12월 말
이사수	12	15	15	-	19	-
사내이사	5	2	5	-	8	-
사외이사	7	13	10	-	11	-

자료: 한국은행(1999), 각 은행 홈페이지(2007)

내부감사는 은행의 내부기관이 아니고 이사회의 통제를 받는 은행 내부직원이다. 한편 결산회계감사는 회사법에 따라 주총에서 선임한 외부 공인회계사(또는 회계법인)이 담당한다. 영국의 주요은행에서는 행장이 집행위원회 의장을 맡고 있으며 후임 행장을 이사회에 추천하고 이사회 의장과 상의하여 사외이사 선임에도 영향력을 행사하는 등 평상시 이사회를 실질적으로 지배하고 있다. 그러나 경영성과 부진 등의 경우에는 전문경영인으로서의 평판손상을 우려하는 전문경영인 중심의 사외이사가 행장 경질을 주도하는 등 이사회가 행장을 견제하고 있다.

3) 독일 은행의 경영지배구조

독일의 경우 이사회는 경영이사회(Vorstand)와 감독이사회(Aufsichtsrat)로 이원화되어 있다. 경영이사회는 경영집행에 대한 책임을 지고 경영정책 및 경영실적 등을 감독이사회에 정기적으로 보고할 의무를 지니며 경영이사회 의장이 행장역할을 수행한다.[71] 감독이사회는 경영이사회의 이사를 선임하고 경영이사회의 업무를 감독·감사하는데 감독이사회 이사는 주주총회에서 선출되는 주주대표 및 종업원 대표[72]로 구성되어 있다. 3대 은행의 경우 경영이사는 11~15명, 감독이사는 모두 20명이다. 경영이사회 이사는 주식법(Aktiengesetz)에 의해 감독이사회 이사를 겸직할 수 없도록 되어 있어 행장과 감독이사회 의장은 동일인이 아니나 전직 행장이 감독이사회 의장을 담당하는 경우가 빈번하다.

---

71) 이영기, 전게논문.
72) 은행직원은 공동결정법(Mitbest immungsgesetz : Codetermination Act)에 따라 종업원 대표로서 감독이사회에 참여하는데, 공동결정법은 종업원 500명 이상인 모든 유한책임회사에 적용된다.

<표 3-3> 독일 주요은행의 사외이사 현황

	Deutsche Bank		Dredner Bank		Commerzbank	
	1999년 4월말	2006년 12월 말	1999년 4월말	2006년 12월 말	1999년 4월말	2006년 12월 말
경영 이사회	8	1	11	-	11	1
감독 이사회	20	17	20	-	20	14

자료: 한국은행(1999), 각 은행 홈페이지(2007)
각주 1), 2): 사내이사 수를 나타냄. 3), 4): 사외이사 수를 나타냄

3대 은행의 경우 감독이사회 이사 20명중 은행직원이 추천한 종업원대표와 주주대표가 추천한 이사가 각각 10명씩이며 주주대표 이사 중에서 감독이사회 의장을, 종업원대표 이사 중에서 부의장을 선출하는 것이 일반적인데 주주대표 이사는 의장을 제외하고는 대부분 일반기업의 전직 경영이사회 이사 또는 전·현직 감독이사회 이사로서 모두 사외이사이다. 감독이사회와 같이 산하에 리스크관리위원회, 재무제표 감사위원회, 상임위원회 등 수개의 소위원회를 두고 있으며 이 소위원회가 감독 이사회에 상정할 주요 안건을 사전 검토하고 있다. 각 소위원회에도 주주대표 이사와 종업원대표 이사가 동수로 참석하고 있다. 내부감사는 은행의 내부기관이 아니고 감독이사회의 통제를 받는 은행 내부직원이다. 한편 상법에 의해 주주총회에서 선임한 외부경제검사인(Wirttsschaftsprufer) 또는 경제검사법인이 결산감사를 실시하고 있다. 3대 은행에서는 사외이사 중심의 감독이사회가 경영진을 실질적으로 견제하고 있다. 은행의 일상적인 경영은 행장을 필두로 하는 경영이사회가 전담하지만 감독이사회가 행장을 포함한 경영이사를 선임·해임하고 소위원회 활동을 통해 경영진을 감독하고 있다.

4) 일본 은행의 경영지배구조

일본의 주요은행에서는 주주총회에서 이사를 선임하여 이사회를 구성하고 이사회가 이사 중에서 경영진을 선임하도록 되어 있으며 이사 전원이 경영진(집행임원)을 겸임하고 있다.[73] 대형 도시은행의 이사 수는 영미(12~19명)와 독일(28~31명, 경영이사+감독이사) 주요 은행의 이사 수보다 많은 38~52명이다. 행장이 이사회 의장을 겸임 하지 않는 은행이 대다수이며 주로 전임행장이 의장을 맡고 있다. 사외이사제도가 의무화되어 있지 않아 극히 일부 은행만이 사외이사 를 두고 있다. 영미, 독일과 같이 이사회내 소위원회를 독립적으로 운영하고 있는 은행은 거의 없으며 이사회는 의장 또는 행장이 중심 이 된 상무회(또는 경영회의)[74]에서 결정한 사항을 추인한다. 상무회 (또는 경영회의)는 은행마다 그 구성원이 다소 다른데 이사 중 상무 이사 또는 전무이사 이상으로 구성되어 있다.

〈표 3-4〉 일본 주요은행의 사회이사 현황

	도쿄 미쓰비시		스미토모		후지	
	1999년 4월말	2006년 12월 말	1999년 4월말	2006년 12월 말	1999년 4월말	2006년 12월 말
이사수	47	-	18	11	35	-
(상무회)	26	-	9	-	16	-
사외이사	0	-	3	6	0	-

자료: 한국은행(1999), 각 은행 홈페이지(2007)

---

73) OECD, 1999. 3.
74) 상무회(또는 경영회)는 은행마다 그 구성원이 다소 다른데, 상무회는 이사 가운데 상무이사 또는 전무이사 이상으로 구성되는 반면 이사회 는 모든 이사로 구성된다.

내부감사는 영미, 독일과는 달리 은행의 내부기관으로 주총에서 선임되어 이사회와 동등한 지위에서 이사의 업무 및 회계처리를 감사한다. 대회사(자본금 5억 엔 이상 또는 자산 200억 엔 이상)는 주식회사의 감사 등에 관한 상법특례법에 의해 1인 이상의 사외감사가 포함된 3인 이상의 감사회를 두도록 되어 있어 대부분의 대형 도시은행은 2인의 사외감사와 4인의 사내감사로 구성된 감사회를 설치하고 있다. 1933년 미국의 대일무역수지 적자문제를 해결하기 위해 미일 양국정부가 개최한 미일구조문제협의에서 미국은 일본기업의 경영지배구조 개선을 위해 감사제도를 폐지하고 미국식 사외이사 및 감사위원회 제도의 도입을 요구하였으나 일본 정부는 대신 사외감사 및 사내감사로 구성하는 감사회 제도를 도입하였다.[75] 감사회는 영미의 감사위원회 또는 독일의 감독이사회와 같이 전위원이 공동으로 결정을 내리고 책임을 지는 합의체(committee)가 아니라 감사 개개인이 고유권한을 갖고 책임을 지는 상태에서 업무를 단순히 협의하는 기구인데 실제로는 감사간 협의하에 감사분야를 분담하여 감사업무를 실시하고 있다. 한편 주식회사의 감사 등에 관한 상법특례법에 의해 외부감사인(회계법인)이 결산회계감사를 실시하고 있다. 일본의 대형 도시은행에서는 구조적으로 이사회 및 감사가 행장을 견제할 수 없게 되어 행장이 은행경영의 전권을 갖고 있다. 집행임원이 이사를 겸직하고 있어 이사회가 집행위원의 업무를 효과적으로 감독할 수 없으며 특히 행장이 임원(이사)의 선임에 절대적인 영향을 행사하고 있기 때문에 이사회에 의한 경영진 교체 등이 일어날 가능성은 없다[76] 행장이 행내에서 부각된 임원중 한사람을 후임 행장으로 지명하고 이사회가 이를 추인한다. 감사의 경우에도 전직관료, 행장과

---

75) 이영기, 전게논문.
76) Steven, N. K. and Minton A. Bernadette, 1995.

친분이 있는 사외인사 또는 전직 집행임원이 감사로 선임됨으로써 엄격한 감사가 이루어지기 곤란하다.

5) 요약 정리

주요국 은행의 지배구조는 주식회사의 경영지배구조 발전과 밀접하게 연계되어 있는데 이는 각국에서 19세기 중반 이후 주식회사 형태의 은행이 설립되면서 근대적 은행제도가 형성되었기 때문이다.[77] 영미와 독일의 주식회사 경영지배구조는 1602년에 설립된 네덜란드 동인도회사의 경영지배구조에서 기원되었다는 것이 통설이다. 당초 동인도회사는 정부가 임명한 이사가 경영권을 독단적으로 행사하였으나 1623년부터는 대주주로 구성된 9인 위원회가 매년 결산을 감사하고 이사의 업무집행에 대해 자문을 하기 시작하였으며 그 후 9인 위원회는 고문회(Verwaltungsrat)로 존속하여 이사의 업무집행을 감독하였다. 이 고문회가 독일에서는 감독위원회(Aufsichtsrat)로 발전되어 감독위원회가 업무를 집행하는 경영이사를 선임하고 경영이사의 업무집행을 감독·감사하게 되었으며 영미에서는 업무집행을 담당하는 임원과 결합하여 이사회로 발전함으로써 이사회가 집행기능과 감독·감사기능을 동시에 갖게 되었다.

한편 영미와 독일 모두 회사의 내부기관으로서의 감사를 두고 있지 않으며 상장회사에 한해 공인회계사에 의해 결산재무제표를 감사받도록 하거나 (미국)주주총회에서 선임한 외부 공인회계사(영국) 또는 경제검사인(Abschlussprufer, 독일)에 의해 결산회계감사를 실시하고 있다. 일본은 메이지유신(1886년) 후인 1899년에 상법을 제정하

---

77) 한국은행, 1999.

면서 영미와 독일의 주식회사제도를 절충하여 도입하였다.[78] 업무를
집행하는 집행이사 위주로 이사회를 구성하고 이사회가 집행이사의
업무를 감독하는 등 이사회가 집행 및 감독기능을 가진다. 감사는
회사의 내부기관으로서 이사의 업무·회계처리를 감사하고 대회사
의 경우 공인회계사 자격이 있는 외부 회계감사인이 결산회계감사를
담당하고 있다.

---

78) 北澤正啓, 「회사법 제4판」, 1993.

<h3 align="center">〈표 3-5〉 주요국 은행 지배구조의 요약</h3>

		미국	영국	독일	일본
경영·감독·감사의 주체	경영	행장	행장	경영이사회	행장
	감독	이사회	이사회	감독이사회	이사회
	감사	이사회	이사회	감독이사회	감사
이사회	구조	단일 이사회	단일 이사회	경영이사회 감독이사회	단일 이사회
	구성	사외이사중심	사외이사중심	- 종업원대표가 이사의 50%를 차지 - 주주대표이사는 사외이사중심	-
	사외이사의 직업	대부분 전현직기업경영진	대부분 전현직기업경영진	주주대표이사는 대부분 전현직 감독이사회 이사	-
	운영	소위원회 중심	소위원회 중심	소위원회 중심	상무회 중심
	의장	행장이 겸임	행장이 겸임하지 않음 주로 전직 행장이 선임됨	행장이 겸임할 수 없음 주로 전직행장이 선임됨	행장이 겸임하지 않음 주로 전직 행장이 선임됨
내부감사의 위상		- 은행 내부기관이 아님 - 이사회가 통제	- 은행 내부기관이 아님 - 이사회가 통제	- 은행 내부기관이 아님 - 감독위원회가 통제	- 은행내부기관 - 주총에서선임하고 감사결과를 주총에서 보고
경영진과 이사회의 관계		이사회 우위	이사회 우위	감독이사회 우위	경영진 우위

자료: 한국은행(1999)

이와 같이 주요국 은행의 경영지배구조 차이는 기업발전의 역사적 배경과 금융시스템의 특성을 반영하고 있다. 자본시장이 오래 전부터 잘 발달되어 있고 은행이 주주의 사적 재산으로 인식되어 있는 영미에서는 경영목표를 주주이익의 극대화에 두면서 기관투자가에 의한 경영감시, 적대적 M&A의 활성화를 통한 경영진 교체 등 시장규율방식이 제대로 작동될 수 있는 주주 자본주의 모델의 경영지배구조를 갖추고 있다. 자본시장의 발달이 상대적으로 미흡했던 독일과 일본에서는 은행을 주주, 종업원, 예금자, 거래기업 등 이해관계자의 연합체로 인식하여 경영목표를 이해관계자 전체의 장기 안정적인 관계형성에 두고 은행·기업간에 상호출자 및 이사파견 등을 통해 공식·비공식적으로 은행경영을 감시하는 조직규율방식의 이해관계자 자본주의 모델의 경영지배구조를 발전시켜 왔다. 한편 최근에 들어서는 금융의 세계화가 빠른 속도로 진전되면서 시장규율방식과 조직규율방식의 장점을 중심으로 주요국 은행의 경영지배구조가 수렴하는 움직임을 보이고 있다.[79) OECD가 BIS, IMF 등 국제기구와 협력하여 발표한 지배구조의 기본원칙은 영미식 주주 중심의 경영지배구조를 기초로 하되 이해관계자의 권익보호 및 기업경영 참여기회 부여 등 이해관계자 중심의 경영지배구조 요소를 추가하였다.

---

79) 이한득, 대기업집단의 현금흐름과 투자, 부채조달 간의 관계: IMF 경제 위기를 전후한 시점간의 형태변화, 「금융연구」 14. 2, 2000, pp.265-291.

Ⅳ 은행지배구조에 따른 효율성 분석

1. 효율성의 개념

상대적인 효율성 측정을 위해 시작된 Farrel(1957)의 연구는 다수의 투입요소를 가진 기업의 효율성을 측정하기 위한 것이었다. Farrel은 이러한 기업의 효율성을 투입요소집합으로부터 최대의 산출물을 생산해 내는 기술적 효율성(technical efficiency)과 투입요소의 가격이 주어졌을 때, 최적의 비율로 생산요소를 결합할 수 있는 배분적 효율성으로 구분하였다. 다음에서는 Farrel의 효율성의 개념을 투입지향측정법과 산출지향측정법으로 구분하여 측정방법에 대해 살펴보고자 한다.

1) 투입지향측정법(Input Oriented Measures)

우선, 두 개의 투입요소 (x_1, x_2)로 하나의 산출물(y)을 생산하는 가정한다. 가장 효율적인 기업의 생산함수를 알 수 있다면, 이것으로부터 기술적 효율성(TE: technical efficiency)을 측정할 수 있다. <그림 4-1>을 살펴보면, 곡선 QQ'는 산출물(y) 한 단위를 가장 효율적으로 생산하는 기업들을 연결한 곡선으로 투입요소의 여러 가지 조합에 대한 등량곡선(Isoquant-Curve)을 의미하고, 직선 CC는 투입요소가격$(w_1\,,\;w_2)$에서의 등비용곡선(Isocost-line)을 나타낸다.

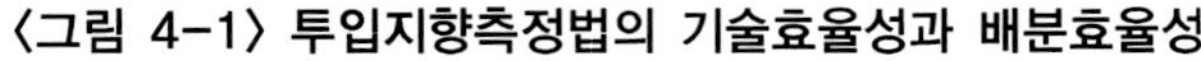

〈그림 4-1〉 투입지향측정법의 기술효율성과 배분효율성

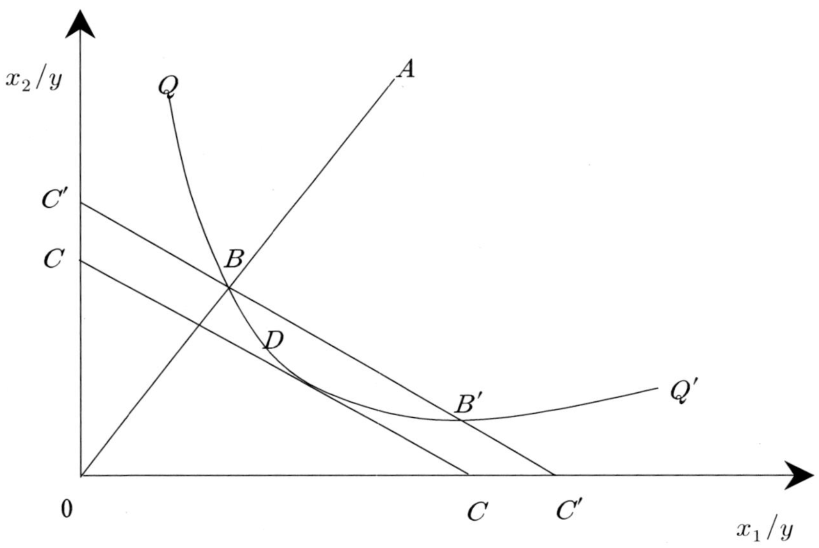

먼저, 점 A는 산출물 한 단위를 생산하기위해 사용한 투입물의 양이 B보다 많다. 따라서 선분 OA를 따라 B점으로 이동하면 산출물의 감소 없이 투입물의 양을 줄일 수 있다. 이에 따라 A점에 위치한 기업의 기술적 비효율성은 AB가 되고, 이를 비율로 나타내면 OB/OA가 된다.

$$TE = OB/OA = 1-\ BA/OA \tag{4-1}$$

또한 원점에서 점 A로 향하는 선분 OBA는 투입 요소간에 동일한 배합을 의미하는 것이므로 동일한 생산방식을 가지고 있다는 것을 뜻한다. 따라서 만약 투입요소 가격이 알려져 있다면, 이로부터 배분효율성(AE: allocative efficiency)도 알 수 있다. 즉 <그림 4-1>에서 보면 B점과 B'점이 모두 기술적으로 효율적이지만 기업이 B점에서 생산한다면 원래의 등비용선(CC)보다 더 많은 비용($C'C'$)을 지불하는 것이 된다. 따라서 선분 DB 사이의 거리는 만약 점B 대신 점B'에서 생산한다면 감소시킬 수 있는 투입물의 양을 나타내므로, 점 A에서의 배분효율성은 다음과 같다.

$$AE = OD/OB \tag{4-2}$$

따라서 A점에서의 전체 비효율성은 AD가 되고, 전체적인 경제적 효율성(EE: economic efficiency)은 다음과 같다.

$$EE = OD/OA \tag{4-3}$$

이는 기술효율성과 배분효율성의 곱으로도 나타낼 수 있다.

$$EE = TE \times AE = OB/OA \times OD/OA \tag{4-4}$$

2) 산출지향측정법(Output oriented measure)

산출지향측정법은 투입지향측정법과는 반대로 투입물을 고정시킨 상태에서 산출물을 얼마나 증가시킬 수 있는가에 관한 문제이다. <그림 4-2>는 하나의 투입물(x)로 두 개의 산출물($y_1 \cdot y_2$)을 생산하는 모형을 나타낸 것이다. 곡선 PP는 생산가능곡선을, 선분 RR은 등수익선을 의미한다. 점 D에 위치한 기업의 경우, 선분 DB가 기술적인 비효율성을 나타낸다.

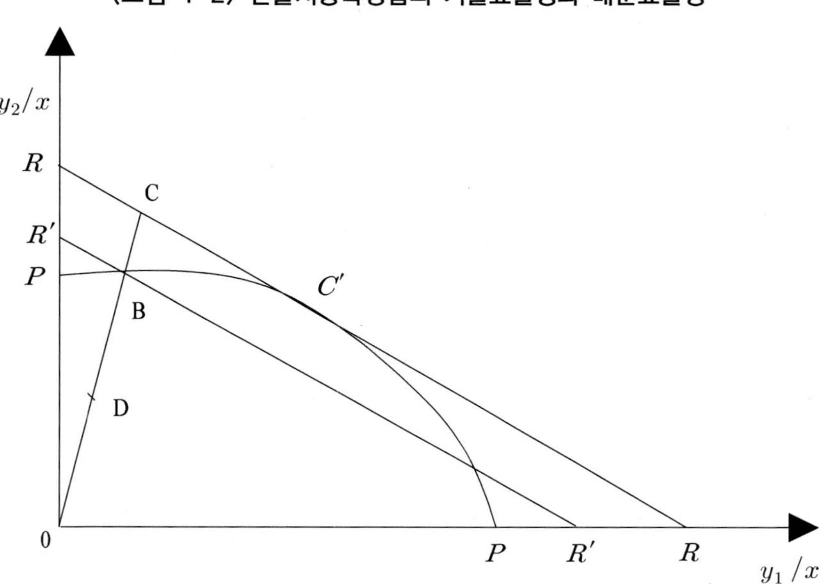

〈그림 4-2〉 산출지향측정법의 기술효율성과 배분효율성

2. 기존 효율성 측정 모형

1) 비용함수 모형

일반적으로 효율성을 측정하기 위해서는 먼저 생산경계 혹은 비용경계를 추정한 다음 실제에 있어서 개별기업의 실제생산량 또는 실제비용이 경계를 어느 정도 벗어나는가를 측정함으로써 비효율성의 정도를 판단할 수 있다. 그런데 경계를 추정하기 위해서 생산함수를 이용할 것인가 혹은 비용함수를 이용할 것인가의 문제가 발생하게 되는데 비용함수에 의한 접근법이 생산함수에 의한 접근법 보다 다음과 같은 장점을 갖고 있기 때문에 일반적으로 실증분석에 있어서는 비용함수를 주로 이용하고 있다.[80]

첫째, 비용함수를 이용하면 생산구조에 일차동차성(homogeneity)가정을 제약할 필요가 없다. 왜냐하면 비용함수는 생산요소가격이 2배 상승하면 생산요소비율은 변화 없이 비용만 2배로 증가하기 때문이다.

둘째, 생산함수에서는 설명변수로서 생산요소 투입량을 이용하고 비용함수에서는 설명변수로서 생산요소투입량 보다는 생산요소가격을 이용한다. 그런데 요소수요자의 입장에서는 생산요소가격은 외생적이지만 생산요소투입량은 생산요소가격에 따라 내생적으로 결정되기 때문에 비용함수에 의한 접근법이 타당성을 갖게 된다.

셋째, 생산함수 추정 시에는 생산요소간의 다중공선성 문제가 심각하지만, 비용함수 추정 시에는 생산요소가격간의 다중공선성이 상대적으로 적기 때문에 추정치에 대한 신뢰성이 제고된다.

이외에도 은행산업은 산출물이 2개 이상인 다상품생산기업이므로 은행의 생산물을 어느 한가지로 정의하기가 매우 어려우며, 따라서 생산함수와 쌍대관계에 있는 비용함수를 이용하는 것이 분석의 편리함을 가져다준다는 현실적인 측면에서도 비용함수에 의한 접근법이 선호되고 있다.

---

80) H. P., Binswagner(1974), "A cost function approach to the measurement of elasticities of factor demand and elasticities of substitution," *American Journal of Agricultural Economics,* Vol 56, pp.377~386.

이러한 비용함수에 의한 효율성분석에는 Cobb-Douglas형 비용함수를 비롯하여 이로부터 파생된 CES비용함수 및 트랜스로그 비용함수 등이 사용되었다.

(1) Cobb-Douglas형 비용함수

생산요소의 가격이 p_1인 노동(L)과 p_2인 자본(K)을 사용한 산출물 y를 생산하는 기업의 총비용(TC)과 총산출량 y는 각각 식(4-5), 식(4-6)과 같다.

$$TC = p_1 L + p_2 K \tag{4-5}$$

$$y = AL^{\alpha_1} K^{\alpha_2} u \tag{4-6}$$

식(4-6)에서 A는 기술변화가 생산에 미치는 영향을 포함한 고정생산요소를 나타내며, α_1, α_2는 각 투입물에 대한 산출의 탄력도를 나타내는 파라메터이며, u는 기업간의 효율성에 대한 종합적 변동을 나타내는 잔차이다.

식(4-5)과 (4-6)을 이용하여 유도한 비용극소화조건은 $\dfrac{p_1 L}{\alpha_1} = \dfrac{p_2 K}{\alpha_2}$ 이므로 Cobb-Douglas 비용함수는 식(4-7)과 같다.

$$TC = \gamma y^{1/\gamma} p_1^{\alpha_1/r} p_2^{\alpha_2/\gamma} v \tag{4-7}$$

식(4-7)에서 $\gamma = r(A\, \alpha_1^{\alpha_1}\, \alpha_2^{\alpha_2})^{-1/r}$, $r = \alpha_1 + \alpha_2$ $v = u^{-1/r}$이며 r 은 규모에 대한 보수 정도를 나타내는 지표로서 노동에 대한 산출탄력도의 합과 같다.

식(4-7)을 로그변환시키면 식(4-8)와 같이 되며 가격에 관한 파라메터의 합은 $(\dfrac{\alpha_1}{r}) + (\dfrac{\alpha_2}{r}) = 1$ 이다.

$$\ln TC = \ln \gamma + (\dfrac{1}{r}) \ln y + (\dfrac{\alpha_1}{r}) \ln p_1 + (\dfrac{\alpha_2}{r}) \ln p_2 + \ln v$$

$$(\ln TC - \ln p_2) = \ln \gamma + (\dfrac{1}{r}) \ln y + (\dfrac{\alpha_1}{r})(\ln p_1 - \ln p_2) + \ln v \qquad (4\text{-}8)$$

그런데 식(4-8)에서는 탄력성이 동일하므로 U자형의 비용함수를 보장하지 못하며, 또한 사전적으로 미리 요소 간 대체 탄력도가 "1"이라고 가정함으로써 기업의 생산과정상 대체탄력도가 1이 아닌 경우 비용추정의 편의가 발생하는 단점을 가지고 있다.

(2) CES 비용함수

CD형 비용함수의 단점인 요소 간 대체 탄력도가 "1"이라는 가정을 완화한 좀 더 일반적인 비용함수가 CES 비용함수인데, 먼저 CES 생산함수를 식으로 표시하면 다음과 같다.

$$y = A[\beta L^{-\gamma} + (1-\beta)K^{-\gamma}]^{-z/\gamma} \qquad (4\text{-}9)$$

식 (4-9)에서 z는 규모의 경제를 나타내는 지표로서 동차정도를 나타낸다. 따라서 투입물간의 대체탄력도는 $\sigma = 1/(1+\gamma)$가 되며 $\gamma = 0$이면 CD형 생산함수와 같아진다. 이 경우의 비용함수는 식 (4-10)과 같다.

$$TC = y^{-1/z} A^{-1/z} [\beta^{1/(1+\gamma)} p_1^{\gamma/(1+\gamma)} + (1-\beta)^{1/(1+\gamma)} p_2^{\gamma/(1+\gamma)}]^{(1+r)/r} \qquad (4\text{-}10)$$

이러한 함수형태는 산출물이 하나이고 투입물이 2개인 경우에는 적합하지만 투입물이 2개 이상일 경우에는 바람직하지 못하다는 단점을 갖고 있다.[81]

(3) Translog 비용함수

트랜스로그 비용함수는 효율성분석에 있어 널리 사용되는 신축적인 비용함수이다.[82] 일반적으로 다품목생산기업의 생산함수는 식식 (3-11)과 같은 트랜스로그 생산함수로 표현된다.

$$\ln y = \alpha_0 + \sum_{i=1}^{n} \alpha_i \ln x_i + \frac{1}{2} \sum_{i=1}^{n} \sum_{j=1}^{1} \alpha_{ij} \ln x_i \ln x_j \quad (4\text{-}11)$$

여기서 $\alpha_{ij} = \alpha_{ji}$, x_i: 투입량

이러한 생산함수는 쌍대성(duality)원리를 이용하여 식(4-12)의 트

---

81) H., Uzawa(1962), "Production functions with constant elasticities of substitution", *Review of Economic Studies*, Octorber, pp. 291~299.
82) W. E., Diewert(1982), "Duality of approaches to microeconomic theory", Chapter 12 *Handbook of Mathematical Economics*, and ed. by K. J. Arrow and M. D. Intriligator, Vol. Ⅱ, Amsterdam: North-Holland, p.554. L. J.,Lau(1974), "Applications of Duality Theory : A Comment," in *Frontier in Quantitative Economics,* ed by M. D. Intriligator and D. A. Kendrick, Amsterdam: North-Holland.
Diewert,(1982)에 의하면 일반적으로 트랜스로그 비용함수는 정규정 조건 (regularity condition)을 충족시키지 못한다. 다품목비용함수 $C(y, p)$에서 정규성 조건이란 다음의 다섯 가지 성질을 말하는데 ①C의 치역은 非陰 이다. ②C는 실질함수이다. ③C는 비감소함수이다. ④생산이 존재하는 한 비용함수는 正(strictly positive)이다. ⑤C에 대한 p는 선형동차이고 오목하다. 그러나 Lau(1974)에 의하면 트랜스로그 비용함수는 2차 미분이 가능하고 요소가격의 선형동차성이 충족되기 때문에 신축적이다.

랜스로그 비용함수로 전환할 수 있다.

$$\ln TC = \alpha_0 + \sum_{i=1}^{m} \alpha_i \ln y_i + \sum_{i=1}^{n} \beta_i \ln p_i + \frac{1}{2} \left[\sum_{i=1}^{m} \sum_{j=1}^{m} \delta_{ij} \ln y_i \ln y_j \right.$$
$$\left. + \sum_{i=1}^{n} \sum_{j=1}^{n} \gamma_{ij} \ln p_i \ln p_j \right] + \sum_{i=1}^{n} \sum_{j=1}^{m} \rho_{ij} \ln p_i \ln y_j$$

(4-12)

여기서 TC: 총비용, y_i: 산출물 수준, p_i: 투입요소가격

식(4-12)이 비용함수이기 위해서는 식(4-13)의 투입요소가격에 대한 일차동차성과 투입물간 그리고 산출물간의 대칭성을 만족해야 한다.[83]

$$\sum_{i=1}^{n} \beta_i = 1$$

$$\sum_{i=1}^{n} \gamma_{ij} = 0, \ 1 \leq j \leq n \qquad\qquad (4\text{-}13)$$

$$\sum_{i=1}^{n} \rho_{ij} = 0, \ 1 \leq j \leq m$$

그러므로 이 식에서 추정해야 할 파라메터는 α가 $(m+1)$개 , β는 n개, δ는 $\delta_{ij} = \delta_{ji}$이므로 $[m(m+1)/2]$개, γ 역시 $\gamma_{ij} = \gamma_{ji}$이므로$[n(n+1)/2]$개, ρ_{ij}는 mn개다.

그런데 이 모형은 산출물 중에 어느 하나라도 0이 되면 이에 대한 처리가 곤란하다는 근본적인 단점을 갖고 있다.[84]

---

83) D. W., Jorgenson(1986), "Econometric methods for modelling producer behavior," Chapter 31 in *Handbook of Econometrics*, ed by Z., Criliches and M. D. Intriligator, Vol. 3, Amsterdam: North-Holland, pp.1841~1915.

(4) Hybrid Translog 비용함수

전통적인 트랜스로그 비용함수는 만일 산출물 중 어느 하나라도
"0"이 되면 범위의 경제(scope economies)와 개별품목의 규모의 경제
(product-specific economies of scale)에 대해서 평가할 수 없다는 문
제를 지니고 있다.[85] 이러한 문제를 해소하기 위해서 산출물의 로그
값($\ln y$)을 Box-Cox 변환시킨 것이 혼성트랜스로그(Hybrid Translog)
비용함수로서 식(4-14)와 같다.

$$\ln TC = \alpha_0 + \sum_{i=1}^{m} \alpha_i \ln y_i^* + \sum_{i=1}^{n} \beta_i \ln p_i + \frac{1}{2}\left[\sum_{i=1}^{m}\sum_{j=1}^{m}\delta_{ij}\ln y_i^* \ln y_j^* \right.$$
$$\left. + \sum_{i=1}^{n}\sum_{j=1}^{n}\gamma_{ij}\ln p_i \ln p_j\right] + \sum_{i=1}^{n}\sum_{j=1}^{m}\rho_{ij}\ln p_i \ln y_j^*$$

$$\text{여기서 } y_i^* = \frac{(y_i^\lambda - 1)}{\lambda}, \quad \lambda \neq 0$$
$$= \ln y_i, \qquad \lambda = 0$$

(4-14)

이 모형에서도 대칭성과 동차성 제약이 성립되어 $\delta_{ij} = \delta_{ji}$이고
$\gamma_{ij} = \gamma_{ji}$이며 식(4-13)의 제약이 성립된다.

식(4-14)에서 $\lambda > 0$ 이면 방사평균비용(Ray Average Cost: RA
C)[86]곡선이 U자 형태를, $\lambda < 0$ 이면 방사평균비용곡선이 역의 U자

---

84) 실증분석시에는 편의상 산출물이 0인 경우는 이를 포함하고 있는 자료
의 모든 값에 1을 더하여 처리하고 있다.

85) 전통적인 트랜스로그 비용함수를 이용하여 전체적인 규모 및 범위의
경제와 개별품목의 규모 및 범위의 경제 그리고 비용보완성 등 각종
효율성 지표의 측정식에 대한 자세한 논의는 좌승희·이선애·유재균·
노재열(1993), 『겸업주의 은행제도와 우리나라 금융산업의 효율화를 위
한 제도개선 방안』, 정책연구자료 91-12, 한국개발연구원 참조.

86) 방사평균비용(RAC)은 다수생산물하의 기업에 대한 평균비용으로 $RAC = C(kY^*)/k$

형태를 취하며 어느 하나의 산출물이 비록 "0"이더라도 범위의 경제는 물론 개별품목의 규모의 경제도 추정할 수 있다는 장점을 갖고 있다.[87] 또한 혼성트랜스로그 비용함수를 추정한 결과들에서 λ가 대개 "0"에 가까운 값으로 추정되기 때문에 이 비용함수는 전통적인 트랜스로그 비용함수와 비슷해진다.[88]

2) 이윤함수 모형

비용함수를 이용한 효율성 추정모형에 대해 Berger et. al(1993)은 평균적으로 산출물의 비효율성이 투입물의 비효율성 보다 크며, 대부분의 비효율성은 과다한 비용보다는 수입부족의 형태를 띠고 있기 때문에 비용경계를 이용하여 측정한 비효율성은 저평가될 가능성이 있다고 한다. 그래서 이들은 비용함수 대신 이윤함수를 이용해야 한다고 주장하면서 이윤함수의 장점을 다음의 네 가지로 들고 있다.

첫째, 이윤함수는 왜곡된 투입물 수준이나 투입물 결합에서 비롯된 비용효과 뿐만 아니라 왜곡된 산출물 수준 또는 산출물 결합으로 발생하는 산출물의 수입효과도 밝혀주기 때문에 투입측면 뿐만 아니

로 정의된다. 여기서 Y^*는 생산물의 벡터 또는 생산물의 특별한 결합에 대한 단위 번들을 나타내며, k는 $y = kY^*$와 같은 번들에 있어서 단위수 또는 생산물공간에서 원점으로부터의 임의의 생산물 벡터 Y^*를 통과하여 k배 확장하는 스칼라이다. William J. Baumal, John C. Panzar, and Robert D. Willig(1982), Contestable Markets and the Theory of Industry Structure, Harcourt Brace Jovanovich, Inc., New York, p.51.

87) William J., Baumal, John, C. Panzar, and D. Willig,,Robert(1982), *Contestable Markets and the Theory of Industry Structure,* Harcourt Brace Jovanovich, Inc., New York, p.451.

88) L. Pulle, and David B. Humphrey(1993), "The role of fixed costs and cost complementarities in determining scope economies and the cost of narrow banking proposals," *Jornal of Business,* 66(3), pp.437~462.

라 산출측면에서도 효율성 측정을 가능하게 한다.[89]

둘째, 설정오류 및 측정오류와 관련된 문제를 감소시킨다. 금융산업에서는 대차대조표 항목 중 일부는 투입물과 산출물의 성격을 모두 지니고 있기 때문에[90] 투입물과 산출물을 엄격히 구분해야 하는 비용함수나 선형계획법에서는 설정오류를 범할 수 있고, 이로 인해 심각한 추정오류가 발생할 수 있다. 그런데 이윤함수에서는 투입물과 산출물을 거의 대칭적으로 다루기 때문에 추정오차로 인한 문제를 감소시킬 수 있다.

셋째, 고품질의 산출물을 생산하기 위해서는 대체로 더 많은 투입물을 필요로 하기 때문에 측정되지 않는 산출물의 질적 차이가 있을 경우 질이 높은 것이 효율성이 낮다는 잘못된 판정을 할 수 있다. 그러나 이윤함수를 이용하면 산출물의 질적 향상은 수입의 증대를 가져오고 이는 비용 상승분을 상쇄하기 때문에 이러한 문제점을 완화할 수 있다.

넷째, 비용함수는 산출측면을 무시하고, 선형계획법은 배분비효율성을 간과하는데 반해 이윤함수의 사용은 산출과 투입 양 측면에서 기술적 비효율성과 배분비효율성을 분리·측정할 수 있기 때문에 비효율성의 원천을 보다 정확히 찾아낼 수 있다.

이상의 이윤함수 사용에 따른 장점 때문에 Berger et al(1993)은 식(4-15)과 (4-16)으로 구성되는 Fuss형 이윤함수를 이용하여 효율성을 추정하였다.[91]

---

89) 이에 비해 종래의 비용함수나 선형계획법은 산출물 비효율성을 무시하고 있으며, 투입물을 주어진 것으로 파악하는 수입함수를 이용한 분석에서는 투입물 비효율성을 간과한다.

90) 은행산업의 경우 예금항목을 생산기능접근법에서는 산출물로, 중개기능접근법에서는 투입물로 간주한다.

91) P. A. a Yotopoulos, and L. J. Lau(1993), A test for relative economic efficiency: Some futher results, *American Economic Review*, 63, pp.214~223.

$$\Pi \,/\, p_n = \sum_{i=1}^{m+n} (\alpha_i - \xi_i)\,(p_i\,/\,p_n)$$

$$+ \sum_{i=1}^{m+n-1} \sum_{j=1}^{m+n-1} \phi_{ij}\left(1 - \frac{1}{2}\,\tau_i\right)\tau_j\,(p_i p_j\,/\,p_n^2)$$

$$+ \sum_{r=1}^{k} \beta_r\, z_r + \frac{1}{2}\sum_{r=1}^{k}\sum_{s=1}^{k} \theta_{rs}\, z_r z_s + \sum_{i=1}^{m+n-1}\sum_{r=1}^{k} \gamma_{ir}\,(p_i\,/\,p_n)\, z_r + \epsilon$$

(4-15)

$$q_i = (\alpha_i - \xi_i) + \sum_{i=1}^{m+n-1} \phi_{ij}\tau_j\,(p_j\,/\,p_n) + \sum_{r=1}^{k} \gamma_{ir}\, z_r + v_i \qquad (4\text{-}16)$$

$$i = 1, \cdots\cdots\cdots\cdots, \ m+n-1$$

3. DEA 모형을 이용한 효율성 측정

본 연구에서 효율성을 측정하기 위해 사용될 DEA모형은 Charnes et al(1978)이 개발한 선형계획법 원리에 근거한 평가방법이다. 즉 선형계획모형을 각 의사결정단위(DMU: Decision Making Unit)의 투입, 산출에 적용하여 최선의 DMU를 선별해내고, 이와 같은 최선의 DMU 들로부터 효율적 프론티어를 도출한 후 다른 평가대상들이 이 프론티

이윤함수는 농업부문의 효율성 측정에 주로 이용되었다. Yotopoulos and Lau는 이 논문에서 인도의 대규모 농장과 소규모 농장간의 규모와 관련된 수익성과 배분비효율성을 이윤함수를 이용하여 측정하였고, Ali and Flinn(1989)는 이를 파키스탄 농업에 적용하여 총체적 비효율성을 측정하였으며, Kumbhakar and Bhattacharyya(1992)는 인도농업에 적용하여 산출물 규모와 농부의 교육이 기술적 비효율성과 배분 비효율성에 미치는 영향을 분석하였다.[Berger et al.(1993), p. 318] 또한 Kumbhakar(1996)는 미국 Texas주의 10개의 전력회사를 대상으로 배분비효율성과 기술적 비효율성을 측정하였다. 한편 Berger et al(1993)은 미국의 은행산업 효율성 측정에 처음으로 이윤함수를 이용하였다.

어를 기준으로 얼마나 멀리 떨어져 있는지의 여부, 즉 상대적인 방식으로 비효율성을 측정한다. 여기서 DMU는 평가대상이 되는 의사결정단위로 여러 가지 투입요소를 이용하여 다양한 산출물을 생산하는 단위로 본 연구에서는 세계 각 국의 은행들이 여기에 속한다.

1) 규모수익의 효율성 및 규모의 경제 측정

Banker, Charnes and Cooper(1994)는 Charnes, Cooper and Rhodes(1978)가 제안한 규모에 대한 수익불변(CRS) DEA모형에서 도출한 기술적 비효율성을 규모의 비효율성 지표와 순수 기술적 비효율성 지표의 두 부분으로 나누고 있다. 즉 규모의 비효율성 정도는 규모에 대한 수익불변(CRS)에 대한 DEA모형과 규모에 대한 수익가변(VRS)에 대한 DEA모형을 적용한 다음 두 방법에 의한 기술적 효율성 지표의 크기가 다를 때 그 차이를 나타내는 것으로 이해되므로, 먼저 CRS모형을 다루고 VRS모형을 다루도록 하겠다.

(1) 규모수익불변 DEA 모형

N개 기업 또는 의사결정단위가 K개의 생산요소를 이용해서 M개의 산출물을 생산한다고 가정하고, i번째 기업은 생산요소벡터 x_i를 이용하여 산출물벡터 y_i를 생산한다고 하고, 모든 개별 의사결정단위들의 효율성을 측정하기 위해 모든 투입물 대비 모든 산출물의 비율을 구하면, 이러한 비율은 u가 산출물 가중치인 $M \times 1$인 벡터이고, v가 투입물 가중치인 $K \times 1$인 벡터인 곳에서 $u'y_i/v'x_i$가 된다. 따라서 적정가중치를 선택하기 위해서 선형계획법을 활용하면 다음과 같다.

$$\text{Max} \quad u'y_i/v'x_i \tag{4-17}$$
$$\quad u,v$$

$$\text{s.t.} \quad u'y_j/v'x_j \leq 1 \ , \quad j = 1,\ 2,\ \cdots\ ,\ N$$
$$u,v \geq 0$$

식(4-17)은 모든 효율적인 측정치들은 "1"보다 작거나 같아야 한다는 제약조건하에서 i번째 기업의 효율성이 최대화되는 곳에서 u와 v의 가중치를 구하는 것을 보여준다. 그러나 이와 같은 비율 형성상의 문제점은 이 식은 무한한 해들을 갖는다는 점이다. 이를 피하기 위해서 $v'x_i = 1$이라는 제약을 더하게 된다. 이를 통해 위의 식은 다음과 같이 변형된다.

$$\text{Max} \quad \mu'y_i \tag{4-18}$$
$$\quad u,v$$

$$\text{s.t.} \quad v'x_i = 1$$
$$\mu'y_j/v'x_j \leq 0 \ , \quad j = 1,\ 2,\ \cdots\ ,\ N$$
$$\mu,v \geq 0$$

식(4-18)에서 가중치 u와 v가 선형계획법 상에 다승수형태인 μ와 ν로 변형되었다. 이때 식(4-18)을 선형계획법의 쌍대정리에 따라 풀면,

$$\text{Min} \quad \theta \tag{4-19}$$
$$\quad \theta,\lambda$$

$$\text{s.t.} \quad -y_i + Y\lambda \geq 0$$

$$\theta x_i - X\lambda$$

$$\lambda \geq 0$$

식(4-19)에서 θ는 스칼라이고, λ는 제약식의 $N \times 1$상수벡터이다. 이러한 포락법(envelopment)은 다승수형태인 $(K+M < N+1)$은 매우 제약된 형태이기 때문에, 여기서 구해진 θ는 i번째 기업의 효율성지표이다. 이 지표는 $\theta \leq 1$을 만족하고, 만약 그 값이 "1"일 경우 프론티어 상에 있게 되어 Farrell(1957)에 따르면 기술적으로 효율적이다. 따라서 이러한 선형계획법은 개별 의사결정단위들의 해를 구하기 위해서 N번 해를 구하게 된다.

(2) 규모수익가변 DEA 모형

만약 기업이 최적규모에서 가동하고 있지 않을 때 규모에 대한 수익불변의 가정 하의 생산에 있어서 효율성 정도를 계산하면, 이는 규모의 효율성을 포함하는 것이 된다. 따라서 규모에 대한 수익가변(variable returns to scale)을 구별할 수 있게 된다. 이와 같은 수의 수리계획문제는 규모수익불변하에 선형계획문제에 볼록성 제약조건(convexity constraints) $NI'\lambda$를 부과함으로써 다음과 같은 규모수익가변 모형으로 변환된다.

$$\text{Min} \quad \theta \qquad\qquad\qquad (4\text{-}20)$$
$$\theta, \lambda$$

$$\text{s.t.} \quad -y_i + Y\lambda \geq 0$$

$$\theta x_i - X\lambda$$

$$N1'\lambda < 1$$
$$\lambda \geq 0$$

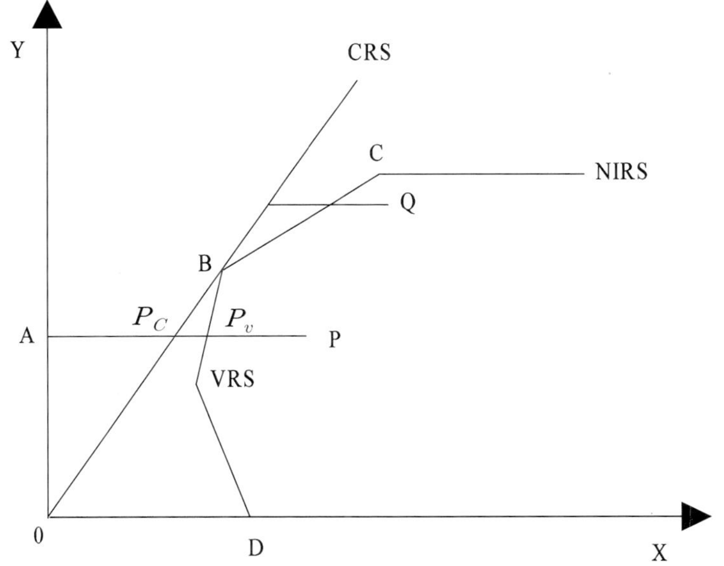

〈그림 4-3〉 규모의 효율성 및 규모의 경제 측정

식(4-20)에서 N1은 N × 1의 단위벡터이다. 따라서 규모수익가변
에 대한 DEA모형으로 구해진 기술적 효율성 추정치는 규모수익불
변 DEA모형에서 구해진 효율성 추정치의 크기와 같거나 큰 값을
갖게 된다. 규모수익불변 가정을 DEA에 도입하는 것은 1990년대 일
반적 추세인데, 많은 연구들은 규모수익불변 DEA모형으로부터 구해
진 기술적 비효율성 지수를 규모효율성의 지수와 순수 기술적 비효
율성 지수 두 부분으로 구분하고 있다. 규모의 비효율성 정도는 동
일한 자료에 의해 규모수익불변 DEA모형과 규모수익가변 DEA모형

을 각각 적용한 다음 두 방법에 의한 기술적 효율성지수의 크기가 다를 때 그 차이로 나타낸다.

단일 투입물을 이용하여 단일 산출물을 생산하는 경우를 예로 들면 <그림 4-3>과 같이 CRS와 VRS 가정하에서의 생산프론티어가 표시될 수 있다. CRS 가정 하에서 생산점 P의 투입물측면의 기술적 비효율성은 선분 PP_C의 거리이지만, VRS 가정하에서는 PP_v의 거리이다. 따라서 그 차이 P_cP_v는 규모의 비효율 정도를 나타내는 것이다.

$$TE_{1,CRS} = AP_C / AP \qquad (4\text{-}21)$$
$$TE_{1,VRS} = AP_v / AP$$
$$SE_1 = AP_C / AP_v$$

여기서 모든 추정치는 "0"과 "1" 사이의 값을 가지며 3가지 지수의 관계는 다음과 같이 나타낼 수 있다.

$$TE_{1,CRS} = TE_{1,VRS} \times SE_1 \qquad (4\text{-}22)$$

그러나 이렇게 효율성을 측정할 때 규모의 효율성지수만으로는 해당기업이 규모에 대한 수확체증인지 아니면 수확체감인지를 알 수 없다. 따라서 이 문제는 DEA모형에 규모수익비증가의 가정을 도입함으로써, 즉 $N1'\lambda \leq 1$의 조건을 부여함으로써 해결할 수 있다.

$$\text{Min} \quad \theta \qquad (4\text{-}23)$$
$$\theta, \lambda$$
$$\text{s.t.} \quad -y_i + Y\lambda \geq 0$$

$$\theta x_i - X\lambda$$
$$N1'\lambda < 1$$
$$\lambda \geq 0$$

규모의 수익비증가(NIRS) DEA모형에서 생산프론티어는 <그림 4-3>에 제시되어있는 것처럼 규모의 비효율성이 규모에 대한 수확체증 혹은 수확체감 중 어느 것에 의해서 발생한 것인지에 대한 답을 주고 있다. 즉 DMU들의 규모효율성은 <그림 4-3>에서처럼 원점 0에서부터 B점까지는 규모수익불변곡선(CRS) 상의 기술효율성(CRS TE)과 일치하였다가, B점이후부터 C점까지는 우상향한 후 수평선을 이루는 NIRS곡선 상의 기술효율성(NIRS TE)이 X축 상의 D점에서 B점까지는 대략 수직으로 우상향한 뒤, B점 이후부터는 NIRS곡선상의 기술효율성과 일치하도록 진행되는 규모수익가변(VRS)상의 기술효율성(VRS TE)과 일치하는가의 여부에 따라 결정된다. 따라서 규모수익비증가(NIRS)모형에서 추정된 기술적 효율성지수(NIRS TE)가 규모수익가변모형(VRS)에서 추정된 기술적 효율성지수(VRS TE)의 크기와 동일하지 않다면, 즉 점 P와 같은 경우라면, 이 해당 기업은 규모에 대한 수확증가 상태에 있게 된다.

반대로, 만약 점 Q에서와 같이 규모에 대한 두 가지 가정하에서의 기술적 효율성지수 추정치가 일치한다면, 해당기업은 규모에 대한 수확체감상태에 있다고 할 수 있다.

따라서 규모수익불변, 규모수익가변, 규모수익증가 상태에서의 기술적 효율성 지수를 각각 계산하게 되면, 규모에 대한 수익불변 모형하의 기술적 비효율성 추정치의 차이로부터 규모의 효율성정도를 추정할 수 있다. 뿐만 아니라 규모수익가변모형하의 기술적 효율성지수와 규모수익비증가 모형하의 효율성지수의 차이로부터 해당기업이 규모수익 증가 혹은 체감 중 어느 상태에 놓여있는 가를 판단할 수 있다.

2) Malmquist Index

(1) 개념

맘퀴스트 지수는 t기의 기술수준에서의 t기의 투입-산출 조합에 대한 거리함수와 t기의 기술수준에서의 t+1기의 투입-산출 조합에 대한 거리함수의 비로 나타낸 생산성 지수 M^t와 t+1기의 기술수준을 기준으로 하는 생산성 지수 M^{t+1}의 기하평균으로 생산성의 변화를 나타낸다.

이를 <그림 4-4>를 이용하여 설명하자면 다음과 같다.

<그림 4-4> 맘퀴스트 지수의 측정

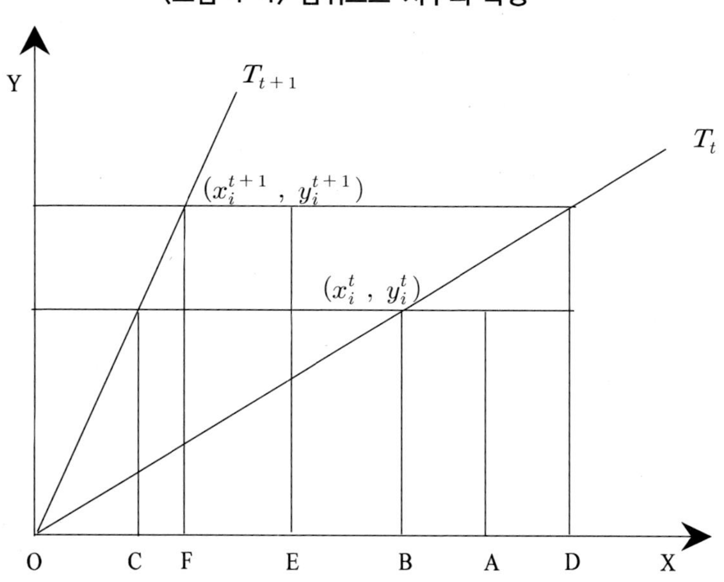

즉 <그림 4-4>에서 T_t는 t기의 기술수준을, T_{t+1}은 t+1기의 기술수준을 나타내고, (x_i^t, y_i^t)와 (x_i^{t+1}, y_i^{t+1})는 각각 기업 i의 t기와 t+1기의 투입-산출물의 조합을 나타낸다. 여기서 $D^t(x^t, y^t)$는 t기의 거리함수로 OA/OB로 나타내고, $D^t(x^{t+1}, y^{t+1})$은 t+1기의 거리함수로 OE/OD와 같다. 따라서 t기의 기술수준을 기준으로 하여 생산성의 증가를 나타내는 M^t는 식(4-24)와 같이 나타낼 수 있다.

$$M^t = \frac{D^t(x^t, y^t)}{D^t(x^{t+1}, y^{t+1})} \tag{4-24}$$

마찬가지로, t+1기의 기술수준으로 각 시점의 거리를 구하면 $D^{t+1}(x^t, y^t)$은 OA/OC이고, $D^{t+1}(x^{t+1}, y^{t+1})$은 OE/OF로 나타낼 수 있다. 따라서 t+1기의 기술수준을 기준으로 하는 생산성 지수 M^{t+1}은 식(4-25)과 같이 나타낼 수 있다.

$$M^{t+1} = \frac{D^{t+1}(x^t, y^t)}{D^{t+1}(x^{t+1}, y^{t+1})} \tag{4-25}$$

여기서 맘퀴스트 생산성 지수는 M^t와 M^{t+1}의 기하평균으로 나타내는데, 이 때 어느 한 시점을 기준으로 생산성의 변화를 측정하는 것은 자의성이 있으므로, 두 시점을 기준으로 하여 산출한 생산성 변화의 값을 기하평균하여 사용한다. 이 값이 1보다 크면, 생산성의 증가를, 1보다 적으면 생산성의 감소를, 1과 같으면 생산성의 변화가 없음을 나타낸다.

$$M = (M^t \times M^{t+1})^{1/2} \tag{4-26}$$

(2) 맘퀴스트 지수의 분해

맘퀴스트 생산성 지수는 기술적 효율성 변화지수와 기술변화지수로 분해된다.

기술적 효율성 변화 지수는 각 시점에서 기술적 효율성의 변화를 측정함으로서 대상기업의 효율적 프론티어에 얼마나 근접해가는 가를 평가하는 것으로, 기업i가 t기와 t+1기에 효율적 프론티어와 떨어진 거리를 비교하여 t+1기에 떨어진 거리가 t기의 거리보다 더 작으면, 이는 t+1기의 생산이 t기의 생산보다 기술적인 측면에서 더욱 효율적으로 이용되고 있음을 의미하는 것으로, 다음의 기술적 효율성 변화지수가 1보다 큰 경우를 나타내는데, 이는 두 기간에 걸친 해당 기업의 효율성 변화를 보여주는 것으로 다음과 같이 나타낼 수 있다.

$$TEC = \frac{D^t(x^t, y^t)}{D^{t+1}(x^{t+1}, y^{t+1})} = \frac{OA/OB}{OE/OF} \tag{4-27}$$

기술변화지수는 대상기업 i의 관측점을 고정시켜 t기와 t+1기의 기술수준의 변화를 살펴보는 것이다. 이는 맘퀴스트 생산성지수와 마찬가지로 t기와 t+1기를 기준으로 한 값을 구한 뒤, 두 시점의 기하평균 값을 사용한다.

$$TC^t = \frac{D^{t+1}(x^t, y^t)}{D^t(x^t, y^t)} = \frac{OC/OA}{OA/OB} \tag{4-28}$$

$$TC^{t+1} = \frac{D^{t+1}(x^{t+1}, y^{t+1})}{D^t(x^{t+1}, y^{t+1})} = \frac{OE/OF}{OE/OD} \tag{4-29}$$

$$TC = (TC^t \times TC^{t+1})^{1/2} \tag{4-30}$$

본 연구에서는 DEA 방법으로 구한 세계은행들의 효율성지수와 그 은행기업지배구조 형태와 경영성과와의 관계를 살펴봄으로써 기업지배구조가 기업경영 전반에 미치는 영향을 알아보고, 그에 따른 정책적 시사점을 찾는데 그 목적이 있다 하겠다.

4. DEA에 관한 기존연구

DEA는 Charnes, Cooper and Rhodes(1878)가 Farrell(1957)의 상대적 효율성 개념을 도입하여 주로 비영리조직의 효율성 정도를 측정하기 위하여 개발된 수리적 계측법으로서 처음에는 간단한 비율형태로 소개되었다.

그 후 Banker, Charnes, Cooper and Schnner는 효율성 프론티어를 추정하고 이를 평가하기 위한 이론을 전개하였고, Charnes, Cooper, Seiford, and Stutz(1982)는 DEA기법으로 Multiplicative 모형을, 이어서 Charnes, Cooper, Golany, Seiford, and Stutz(1985)는 Additive모형을 만들었다.

이러한 DEA를 이용한 금융기관의 효율성에 관한 외국의 연구를 살펴보면 다음과 같다.

Sherman & Gold(1985)의 연구는 미국 대도시에 소재하는 14개 저축은행 지점을 대상으로 DEA분석을 실시하여 효율성을 측정하였다. 투입변수로는 직원 수, 사무실 임차료, 물건비를 사용하였고, 자원의 사용정도, 거래의 복잡성, 지점의 특성에 따라 거래형태를 4개 그룹으로 나누고, 각 그룹의 거래량을 산출변수로 사용하였다.

Sherman & Gold(1985) 이후 지점평가와 관련한 발전된 연구들이 진행되었는데 대부분은 지점의 비용 효율성과 관련한 연구들이었으며 Parkan(1987)은 고객의 만족도와 같은 서비스 부분을 산출변수로 고려하기도 하였다.

Elyasiani and Mehdian(1990b)은 은행의 효율성과 기술적 변화를 조사하였다. 1980년과 1985년에 3억 달러 이상의 자산을 가진 191개의 은행을 표본으로 하여, 노동, 자본, 대출 가능한 자본을 투입변수로, 사업 및 산업대출, 부동산대출, 가계대출 그리고 유가증권 투자액을 산출변수로 취하였다.

Siems(1992)는 산출변수로 예수금, 투자자산, 총이자 수익을 사용해 은행의 장기적 발전가능성을 연구하였다.

또한 Barr, Seiford and Seims(1993)는 투입요소에서 구분하여 총이자비용과 기타이자비용으로 이자비용을 구분하였으며, 산출요소로는 수익용 자산이나 해당은행에 따라 특징인 예금을 사용하였다.

Schaffnit 등(1997)은 DEA모형을 적용하여 캐나다 대규모 은행 지점들의 성과평가분석을 하였다. 분석의 초점은 지점 인력의 성과에 맞추었으며 산출변수로는 여러 유형의 거래 실적과 정기예금 계좌수와 같은 유지보수적 측면을 고려하였다. 그들은 모형의 구축에 있어 거래처리 시간 및 임금 범위와 같은 승수제약을 고려함으로서 민감도 분석을 수행하였고 효율성 점수의 사후 분석을 통해 은행 경영상의 개선방안을 도출하였다. 그러나 그의 연구는 투입변수를 운영인원에만 한정하고 있으며 은행의 성과를 생산 접근방식에 국한하여 평가하고 있다는 한계를 가지고 있다.

Brockett, Charnes, Cooper, Hwang and Sun(1997)는 은행 관리기관에 의해 사용될 감시 또는 조기 경고 시스템을 위해 Cone ratio DEA모형을 제시하였으며, 이를 위해1984-85년 텍사스의 가장 큰 16개 은행의 성과 자료를 이용하였다. 또한 위험범위와 효율성 측면에서 이들 텍사스 은행을 평가하는데 도움이 될 만한 텍사스 외의 다섯 개 대형은행도 제시하였다.

대부분의 연구가 지점의 비용효율성에 중점을 두고 있는 반면, Athananssopoulos(1998)는 비용효율적 측면과 시장 효율적 측면이 모두 고려되어야 한다고 주장하였다. 그는 은행 지점을 평가할 때, 비용 효율적 측면만이 강조되는 것을 비판하고 각 지점이 처한 경쟁환경과 마케팅 활동의 측면을 고려하였는데 이러한 모형을 시장효율성 모형이라고 정의하였다. 그는 영국은행의 580개 지점을 대상으로 지점운영의 효율성을 평가하였는데, 이를 위하여 우선 각 지점들을 유사한 특성을 중심으로 네 개의 집단으로 분류하고 각 집단별로 지점들의 효율성을 분석하였다. 그의 연구는 지점들의 시장효율성을 고려했다는데 의의가 있으나 이를 국내 은행지점의 효율성 평가에 직접적용하기에는 무리가 있다. 그의 연구에서 제시하고 있는 지점 세분화 과정은 규모와 경쟁의 정도를 반영하여 이루어졌으나 이러한 세분화 요인들이 도매금융과 소매금융으로 분리되는 국내 은행지점들의 특성을 반영하기 어렵기 때문이다.

Durake and Hall(2002)는 최근의 횡단면 표본을 사용하여 일본 은행업무의 기술효율성과 규모의 효율성을 분석하기 위해 DEA를 사용하였다. 효율성 분석은 개별은행, 은행유형별, 그리고 은행 크기별로 수행되었다. 이 논문은 문제가 많은 외부적 영향력의 조절은 일본의 은행업무, 특히 소규모 지방 은행에게 매우 중요하다는 것을 제시해 준다.

국내 연구로는 안태식(1991), 윤응원(1993), 손승태(1993), 공정택(1996), 최태성·장익환(1992), 이용주(2000), 백자욱(2001), 김상호(2001), 김인철·이해춘(2003) 등의 논문이 있다.

손승태(1993)의 연구에서는 DEA측정방법과 기존의 측정방법인 함수적 접근법, 생산성 지수법, 비율분석법을 비교하였으며, DEA 투입, 산출변수의 선정에 있어서 은행실무자들의 의견을 설문조사하였다. 20개 은행(시중은행 7개, 지방은행 10개, 국책은행 3개)의 1991년도 경영실적에 의거하여 5개의 그룹으로 나누어 DEA기법의 투입-산출변수에 대한 민감도 분석을 실시하였다.

안태식(1993)의 연구에서는 은행효율성 관련연구에서 사용되는 변수집합을 8가지 변수집합을 8가지로 분류하고 변수집합에 따른 생산성평가치의 차이(민감도)를 분석하였다. DEA기법을 이용하여 한 시중은행의 49개 영업점의 효율성을 평가하였다.

김인철·이해춘(2003)의 연구에서는 1994-2004년 국내은행 자료로, 개별은행의 수익측면의 효율성을 분석한 결과, 외환위기 이후인 1998년에 수익 면 효율성이 최저점을 기록했고, 2001년에 외환위기 이전 수준으로 회복되었다. 또한 1998년부터 투입된 공적자금 등 금융 구조조정정책의 효과가 시차를 두고 은행의 수익성에 반영되었다.

이들 국내의 기존 연구들은 은행의 전반적 효율성을 측정한다는 의미에서 투입요소와 산출요소를 선정함에 있어 은행의 중개기능과 수익기능을 분석목적에 따라 부분적으로 혼합하여 고려한 일면이 있다.(아래 <표 4-1 참조>) DEA분석은 투입요소와 산출요소를 어떻게 선정하느냐에 따라 그 결과인 효율성의 값이 상이하게 나타난다. 따라서 DEA분석 기법을 이용하여 은행의 효율성을 측정하기 위해서는 투입요소와 산출요소를 금융의 중개기능에 역점을 둘 것인지 아니면 수익기능에 역점을 둘 것인가를 정확하게 구분하는 것이 필요하다.

〈표 4-1〉 국내 선행연구에 사용된 DEA 변수의 집합

저자		투입요소	산출요소
안 태 식 (1991)	A	직원수 사무실 면적, 경비	요구불예금, 저축성예금, 상호부금
	B	A와 동일	예수금, 대출금, 전표매수
	C	A와 동일	예수금, 대출금, 이익금
	D	A와 동일	예수금, 대출금, 전표매수
	A*	이자비용, 인건비, 경비	A와 동일
	B*	A와 동일	B와 동일
	C*	A와 동일	C와 동일
	D*	A와 동일	D와 동일
최태성 · 장익환(1992)		직원 수, 영업비용	영업이익, 경상이익
손 승 태 (1993)	A	인원수, 건물면적, 물건비	예수금, 대출금, 유가증권투자액
	B	인원수, 건물면적, 물건비	대출이자수익, 유가증권투자수익, 수수료기타수익
	C	인원수, 건물면적, 물건비, 자본비용	업무처리건수, 자금조달운용액, 영업수익
	D	건물면적, 자기자본	예수금, 영업이익, 업무처리건수
	E	물건비, 자기자본	예수금, 대출금, 영업이익
윤응원(1993)		정규직원 수, 컴퓨터 사용료, 건물 임차료, 경비	은행계정 신탁계정
공정택(1996)		노동비용, 자본비용, 금융비용	대출이자수익, 비대출이자수익
이용주(2000)		종업원 수, 업무용고정자산, 총이자비용	예수금, 업무이익
백자욱(2001)		총비용, 업무용고정자산	대출금, 예수금
김상호(2001)		예금, 차입금, 총고용자수 유형고정자산	대출금, 유가증권, 수수료수입
김인철 · 이해춘(2003)		정규직원수, 업무용고정자산, 총이자비용, 경비, 부실여신	업무이익, 대출이자수익, 비이자순수입, 당기순이익

5. 표본 및 변수 선정

투입·산출에 대한 정의는 은행의 역할에 대한 정의에 따라 달라진다. 우선 은행을 여러 가지 제품을 생산하는 생산자로 보는 생산기능접근에 의하면 은행은 노동과 자본을 투입하여 여러 종류의 예금과 대출서비스를 생산하다고 보고 이들 생산물의 계정수 혹은 거래건수로 산출물을 측정한다. 이 방법은 한 은행의 여러 지점간의 효율성을 평가하는데 많이 이용된다. 둘째, 은행을 일정한 금융제도 하에서 자금중개기능을 수행하는 기관으로 보는 견해에 의하면 대차대조표상의 수신 혹은 여신액을 산출물로 보았으며 이는 여러 은행 간의 상대적 효율성을 측정하는데 이용되었다. 셋째, 부가가치창출자로 보아 부가가치의 상당한 부분을 차지하는 대차대조표의 항목들을 산출로 보는 견해로서, 여러 기간에 걸친 은행의 기술변화를 측정하는데 많이 이용되고 있다.

본 연구는 각 국 은행 간의 상대적 효율성을 측정하는데 목적을 두고 있으므로 은행을 자금중개기능을 수행하는 기관으로 보고 효율성 분석을 시도하려고 한다. 이에 본 연구에서는 기존의 여러 연구자들의 산출물에 관한 견해를 바탕으로 대출금, 유가증권을 산출물 변수로 선택하였고, 투입변수는 예수금, 차입금, 총고용자수, 유형고정자산을 사용하였다.

본 연구에서는 2006년말 12월 현재 Banker지 선정 200위 내에 있는 각 국 은행들 대상으로 하되 datastream 시스템을 이용해 자료를 수집하는 과정에서 시계열과 자료의 누락 은행들을 제외한 82개이며, 각 국에 대한 은행 분포는 다음과 같다.

〈표 4-2〉 data조사 대상은행의 국가 분포

국가명	은행수	국가명	은행수
AUSTRALIA	4	JAPAN	9
AUSTRIA	1	KOREA	6
BELGIUM	3	NEDTHERLAND	1
CANADA	4	NORWAY	1
DENMARK	1	PORTUGAL	1
FRANCE	3	SPAIN	1
GERMAMY	3	SWEDEN	2
GREECE	1	SWITZERLAND	2
IRELAND	3	UK	6
ITALY	3	USA	27
		총	82

이상의 조사 대상 은행들의 재무자료를 수집하여 계산한 변수들의 기초통계량은 다음과 같다.

〈표 4-3〉 DEA 효율성 추정에 사용된 변수들의 기초 통계

		유가증권	대출금	예수금	차입금	고용인원	고정자산
		y1	y2	x1	x2	x3	x4
2004	평균	135166072	39013847	1.42E+08	82595903	36768.32	2623219
	표준편차	222007692	53605920	1.57E+08	1.49E+08	47271	4241085
	최대값	1178153825	3.07E+08	6.19E+08	7.65E+08	294000	33142159
	최소값	1082553	104775.2	494814.3	176000	1115	36399
2005	평균	129493714	39299457	1.28E+08	84941376	33337.41	2816350
	표준편차	235123861	59303375	1.38E+08	1.65E+08	42541.05	5365969
	최대값	1178153825	3.07E+08	6.19E+08	7.65E+08	294000	33142159
	최소값	1082553	104775.2	494814.3	176000	1115	36399

		유가증권	대출금	예수금	차입금	고용인원	고정자산
2006	평균	137467046	40293610	1.19E+08	86755946	33208.42	2761274
	표준편차	261576350	65610162	1.32E+08	1.79E+08	49458.02	5368698
	최대값	1178153825	3.07E+08	6.19E+08	7.65E+08	294000	33142159
	최소값	1082553	104775.2	494814.3	176000	1115	36399

6. DEA 추정결과

1) 효율성 추정결과

〈표 4-4 〉 효율성 추정결과 요약

		평균	표준편차	최대값	최소값
	crs	0.593	0.306472	1	0.112
2004	vrs	0.639	0.300796	1	0.162
	scale	0.919	0.125774	1	0.474
	crs	0.585	0.318227	1	0.112
2005	vrs	0.653	0.31691	1	0.117
	scale	0.886	0.140915	1	0.421
	crs	0.498	0.299709	1	0.111
2006	vrs	0.611	0.320137	1	0.111
	scale	0.834	0.195928	1	0.232

<표 4-4>는 2004~2006년의 세계은행들 효율성을 추정하여 요약해 놓은 것이다. 세계 82개 은행을 대상으로한 DEA 분석결과는 <부표 2>~<부표 4>와 같다. 2004년의 경우 24개 은행이, 2005년의 경우 27

개, 2006년의 경우 22개의 은행들이 효율적인 단위로 밝혀졌으며, 3개
년 모두 효율적인 단위로 밝혀진 은행은 13개 은행으로 다음과 같다.

<표 4-5> 2004~2006년 모두 효율적인 은행

순위	Bank	Nation	2004	2005	2006
9	UBS	SWITZERLAND	1	1	1
12	Deutsche Bank	GERMAMY	1	1	1
24	Nordea Group	SWEDEN	1	1	1
28	KOOKMIN	KOREA	1	1	1
39	Shinkin Gentral Bank	JAPAN	1	1	1
40	Eurohypo	GERMAMY	1	1	1
46	Svenska Handelsbanken	SWEDEN	1	1	1
47	Woori bank	KOREA	1	1	1
53	Hana Financial group	KOREA	1	1	1
62	Hudson City Bancorp	USA	1	1	1
66	Franklin Resources	USA	1	1	1
73	Hachijuni Bank	JAPAN	1	1	1
75	Chugoku Bank	JAPAN	1	1	1
81	Macquarie Bank	AUSTRALIA	1	1	1

이상의 13개 은행들이 속한 국가들을 살펴보면 한국 3개, 스위스 1
개, 독일 2개, 스웨덴 2개, 일본 3개, 미국 2개, 호주 1개 등이다. 이
중 한국의 은행은 우리, 하나, 국민은행 등으로 이들 모두 외환위기
를 거치면서 구조조정과 인수합병 등으로 97년 이후 대형은행으로
탈바꿈한 은행들로, 본 연구에서의 효율성 측정결과만을 놓고 봤을

때, 우리나라 은행들의 구조조정이 성공적이었다고 판단할 수 있다.

효율성 측정 결과(<부표 2>~<부표 4> 참조)에서 Banker지가 Tier 1 capital[92])을 기준으로 선정한 순위와 효율성 순위는 일치하는 경향을 보이지 않음을 알 수 있다. 본 추정결과에서는 Tier 1 capital이라는 기준이 기업의 효율성과는 무관함을 보여준다 할 수 있다.

2) Malmquist Index 추정결과

<표 4-6> Malmquist Index 추정결과 요약

MALMQUIST INDEX SUMMARY OF ANNUAL MEANS

year	effch	techch	pech	sech	tfpch
2	0.958	1.238	0.997	0.961	1.187
3	0.843	1.265	0.915	0.921	1.066
mean	0.899	1.252	0.955	0.941	1.125

맘퀴스트지수(Malmquist Index)는 각 년도별로 효율적 프론티어와 떨어진 거리를 계산한 것으로 이 값이 1보다 크면 효율성이 전년에 비해서 증가한 것을, 1보다 작으면 효율성이 감소한 것을 의미한다.

본 연구에서의 맘퀴스트지수(Malmquist Index) 측정결과는 <표 4-6>과 같다. 2005년은 전년 2004년에 비해 효율성(effch)의 경우 감소하였고, 기술변화(techch)는 증가하였고, 순수기술효율성(pech)는 감

---

92) Tier 1 capital = 납입자본금 + 자본준비금 + 이익잉여금

소하였다. 2006년은 전년 2005년에 비해 효율성(effch)의 경우 감소하였고, 기술변화(techch)는 증가하였고, 순수기술효율성(pech)는 감소하였다. 전반적으로 기술변화에 의한 효율성 증가분이 상당히 큰 폭으로 상승했음을 알 수 있다.

3) 사외이사비율과 효율성의 관계

은행들의 지배구조와 효율성 사이의 관계를 살펴보기 위해 각 은행들의 사외이사비율에 따른 효율성의 추이를 그래프로 나타내면 다음과 같다. 두 변수들 사이의 각 년도의 관계를 살펴보기에 앞서 주의 할 사항은 효율성의 경우 2004~2006년 사이의 자료를 이용해 각 년도의 효율성을 측정하였지만 사외이사비율과 경영성과의 경우 2006년의 자료만을 이용했다는 점이다.

(1) 2004년 사외이사비율과 효율성

(a) 사외이사비율과 효율성(값)

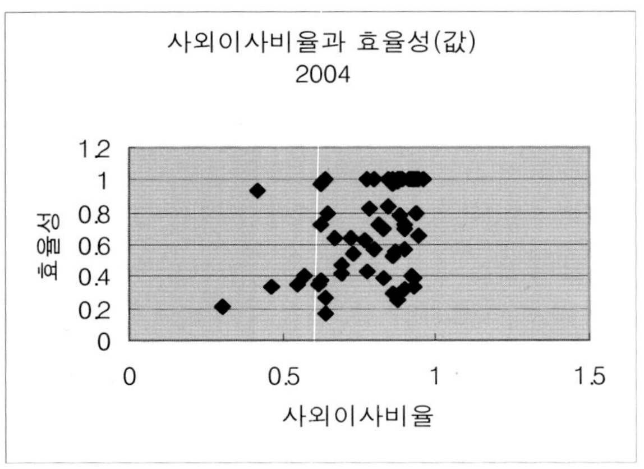

〈그림 4-5〉 효율성과 사외이사비율(값)-2004

(b) 사외이사비율과 효율성(순위)

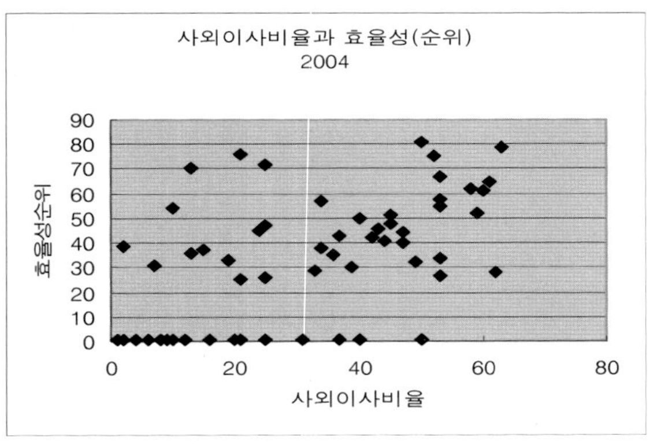

〈그림 4-6〉 효율성과 사외이사비율(순위)-2004

(2) 2005년 사외이사비율과 효율성

(a) 사외이사비율과 효율성(값)

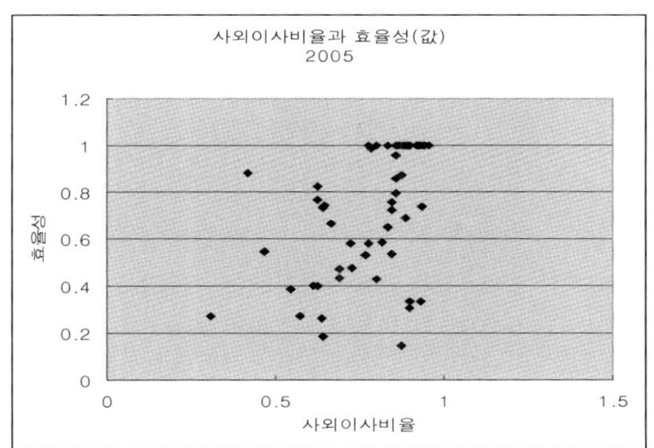

〈그림 4-7〉 효율성과 사외이사비율(값)-2005

(b) 사외이사비율과 효율성(순위)

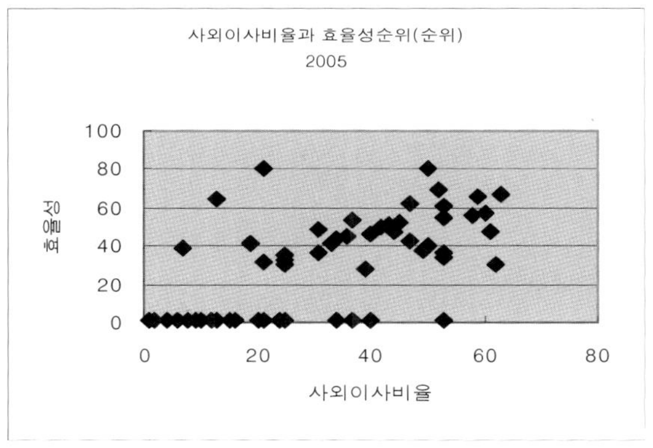

〈그림 4-8〉 효율성과 사외이사비율(순위)-2005

(3) 2006년 사외이사비율과 효율성

(a) 사외이사비율과 효율성(값)

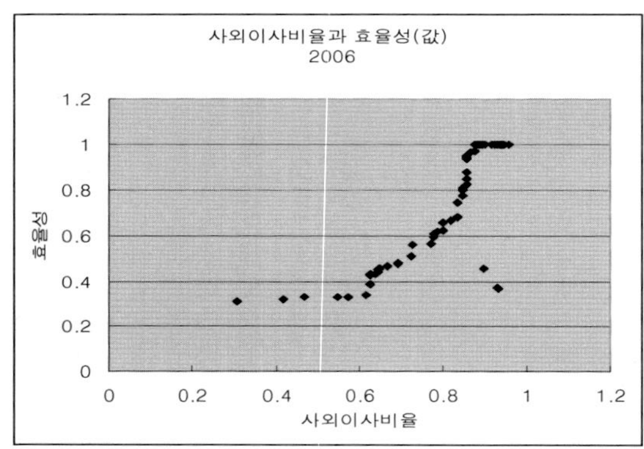

<그림 4-9> 효율성과 사외이사비율(값)-2006

(b) 사외이사비율과 효율성(순위)

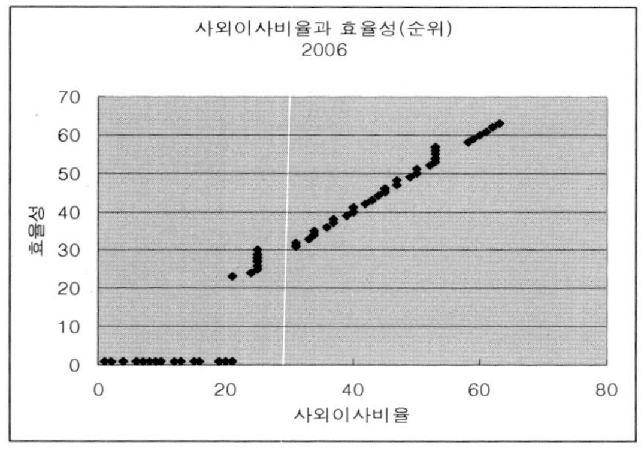

<그림 4-10> 효율성과
사외이사비율(순위)-2006

(4) 사외이사비율과 효율성의 관계

우선, <그림 4-5>와 <그림 4-6>을 통해 사외이사비율과 2004년의 효율성 측정결과들의 관계를 살펴보면 양(+)의 상관관계를 보이기는 하나 그 정도가 뚜렷하지는 않은 것으로 보인다. <그림 4-7>과 <그림 4-8>을 통해 사외이사비율과 2005년의 효율성 측정결과의 관계들을 살펴보면 2004년도에 비해서 좀더 나은 정(+)의 상관관계를 보이나 이 역시 뚜렷한 양(+)의 상관관계라 하기에는 그 정도가 미미하다 할 수 있다. 그러나 <그림 4-9>와 <그림 4-10>에 나타난 사외이사비율과 2006년의 효율성 측정결과는 뚜렷한 양(+)의 상관관계를 보이고 있음을 알 수 있다.

이상의 그림 <4-5>~<그림 4-10>을 통해 사외이사비율과 효율성 측정결과의 관계를 살펴본 결과 2006년에서 떨어져 있는 2004년의 경우 사외이사비율과 효율성 값이나 순위와의 양의 상관관계가 뚜렷하게 보이지는 않았으나 2006년에 가까워 올수록 점점 뚜렷해지다가 2006년에는 거의 완전한 양의 관계를 볼 수 있었다. 이러한 결과는 사외이사비율과 효율성의 상관관계가 없다고 얘기할 수 없음을 보여준다 할 수 있다.

이러한 결과에 대해 좀 더 자세히 알아보기 위해 <표 4-7>과 같은 변수들을 이용하여 간단한 선형모형을 설정해 각 년도의 효율성 측정치와 사외이사비율의 값(순위)의 관계를 살펴보고자 한다.

〈표 4-7〉 선형모형에 사용된 변수

		변수명		변수명
독립 변수	W	2006년 사외이사비율	W1	2006년 사외이사비율 순위
종속 변수	X	2004년 효율성	X1	2004년 효율성 순위
	Y	2005년 효율성	Y1	2005년 효율성 순위
	Z	2006년 효율성	Z1	2006년 효율성 순위

위의 변수들을 이용해 분석한 선형모형의 회귀결과는 다음과 같다.

〈표 4-8〉 추정결과(1)

	X=A(1) + A(2)*W			
		Coefficient	Std. Error	t-Statistic	Prob.
	A(1)	0.067682	0.18399	0.367857	0.7143
I	A(2)	0.809705	0.226704	3.571643	0.0007
	R-squared	0.172956	F-statistic		12.75663
	Durbin-Watson stat	2.140074	Prob(F-statistic)		0.000699

〈표 4-9〉 추정결과(2)

	X1=B(1) + B(2)*W1			
		Coefficient	Std. Error	t-Statistic	Prob.
	B(1)	7.371533	5.519471	1.335551	0.1867
II	B(2)	0.769298	0.152451	5.046196	0
	R-squared	0.294505	F-statistic		25.46409
	Durbin-Watson stat	1.994561	Prob(F-statistic)		0.000004

〈표 4-10〉 추정결과(3)

		Coefficient	Std. Error	t-Statistic	Prob.
Ⅲ	Y=C(1) + C(2)*W				
	C(1)	-0.0625	0.168484	-0.37097	0.7119
	C(2)	1.013898	0.207599	4.883932	0
	R-squared	0.281108	F-statistic		23.85279
	Durbin-Watson stat	2.179435	Prob(F-statistic)		0.000008

〈표 4-11〉 추정결과(4)

		Coefficient	Std. Error	t-Statistic	Prob.
Ⅳ	Y1=D(1) + D(2)*W1				
	D(1)	0.058839	4.95479	0.011875	0.9906
	D(2)	0.922134	0.136854	6.738079	0
	R-squared	0.426701	F-statistic		45.40171
	Durbin-Watson stat	2.239466	Prob(F-statistic)		0

<표 4-8>추정결과(1)~<표 4-11>추정결과(4)의 경우 앞서의 그래프 분석결과와 거의 일치함을 볼 수 있다. 추정결과(1)과 (2) 경우 R^2 값이 각각 0.173, 0.294로 사외이사비율 값과 순위가 2004년의 효율성 값과 순위를 잘 설명하지 못함을 알 수 있다. 추정결과(3)과 (4)의 경우도 R^2값이 각각 0.281, 0.426으로 (1)(2)의 결과보다는 좀 더 나은 설명력을 가졌다고 볼 수는 있으나 그 의미는 그리 크지 않다고 할 수 있다. 즉 사외이사비율 측정연도인 2006년에 가까울수록 두 변수 사외이사비율과 효율성의 관계가 밀접지고 있기는 하지만

현재로서는 정확히 밀접한 관련이 있다고 결론을 내리기에는 미흡한 점이 있다고 할 수 있다.

그러나 추정계수 A(2), B(2), C(2), D(2)에 대해서는 t값이 유의미한 범위에 있고, F값 또한 유의미한 범위에 있으므로 이에 대한 의미를 부여하자면 다음과 같다. 즉 추정결과(1)의 경우 사외이사의 비율이 10% 증가한다면 효율성은 8%가 증가하고, 추정결과(2)의 경우 사외이사순위가 10위 상승하면 효율성 순위는 7.6위 상승하고, 추정결과(3)의 경우 사외이사의 비율이 10% 증가한다면 효율성은 10.1%가 증가하고, 추정결과(4)의 경우 사외이사순위가 10위 상승하면 효율성 순위는 9.2위 상승한다는 것을 의미한다.

〈표 4-12〉 추정결과(5)

	Z=E(1) + E(2)*W			
		Coefficient	Std. Error	t-Statistic	Prob.
	E(1)	-0.44546	0.109017	-4.08614	0.0001
V	E(2)	1.475102	0.134325	10.98157	0
	R-squared	0.664087	F-statistic		120.5948
	Durbin-Watson stat	1.93092	Prob(F-statistic)		0

〈표 4-13〉 추정결과(6)

	Z1=F(1) + F(2)*W1			
		Coefficient	Std. Error	t-Statistic	Prob.
	F(1)	-8.75785	1.421827	-6.15957	0
VI	F(2)	1.183761	0.039272	30.14285	0
	R-squared	0.937087	F-statistic		908.5916
	Durbin-Watson stat	1.436495	Prob(F-statistic)		0

그러나 <표 4-12> 추정결과(5)~<표 4-13> 추정결과(6)의 경우 R^2 값이 각각 0.664, 0.937로 사외이사비율 값과 순위가 2006년 효율성 측정값과 순위에 미치는 영향이 유의미함을 보여준다 할 수 있다. 이는 결국 사외이사비율과 효율성 사이에는 상당한 상관관계가 있음을 보여준다 할 수 있다. 또한 추정결과(5)와 (6)에서 모든 추정계수에 대해서 t값이 유의미한 값을 보이고, F값도 상당히 높은 수치를 보여줌으로서 추정결과에 대한 신뢰를 높여준다 할 수 있다.

추정결과(5)에 의하면 사외이사비율이 10% 증가하면 효율성은 14.7% 증가하고, 추정결과(6)에 의하면 사외이사비율 순위가 10위 상승할 때 효율성 순위는 11위 상승한다는 것을 보여주고 있다.

이상의 결과에서 우리는 이사회에서 사외이사의 비율의 증가가 곧 효율성의 증가로 이어질 확률이 높음을 확인할 수 있었다. 이는 사외이사의 비율의 증가가 사외이사의 활동의 증가로 이어지고 이러한 사외이사의 활동 증가는 경영진에 대한 감시 및 통제, 조정자로의 역할, 이해충돌시의 공정한 판단자로서의 역할 증가로 이어지고, 이사회 활동의 활성화로 이어져 주어진 투입요소로 최대의 생산을 달성할 수 있는 효율성을 높일 수 있을 것이라 예상케 한다.

4) 사외이사비율과 경영성과와의 관계

(1) 사외이사비율과 실질이윤성장률

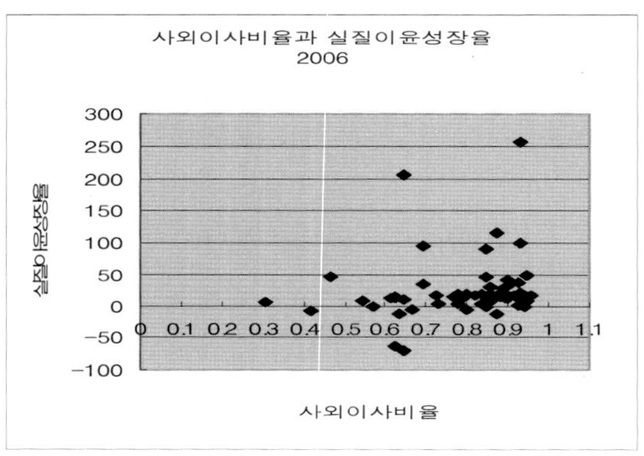

〈그림 4-11〉 사외이사–실질이윤성장률

(2) 사외이사비율과 평균자본에 대한 성과

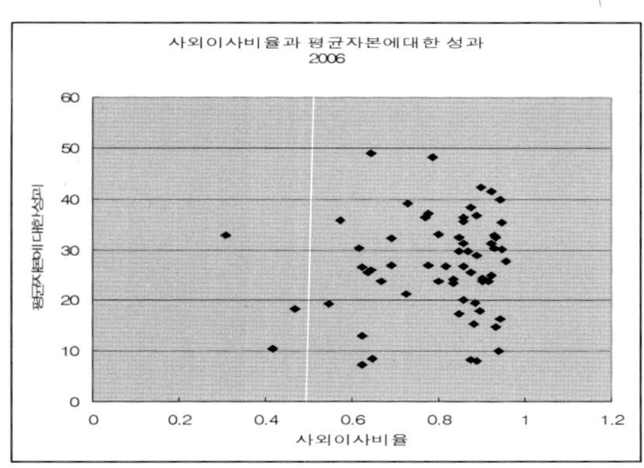

〈그림 4-12〉 사외이사–평균자본에 대한 성과

(3) 사외이사비율과 ROA

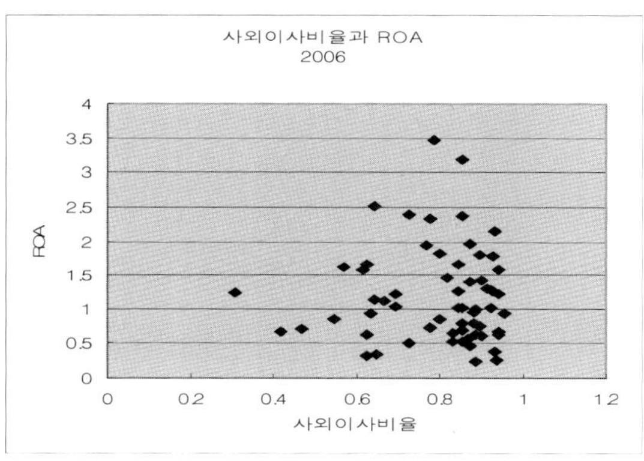

〈그림 4-13〉 사외이사-ROA

(4) 사외이사비율과 BIS자본비율

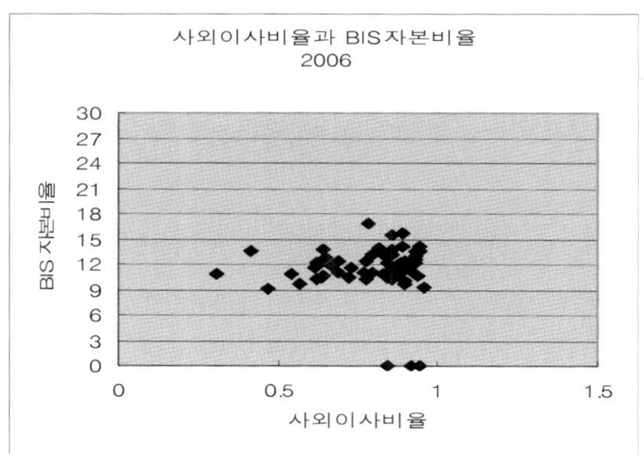

〈그림 4-14〉 사외이사-BIS자본비율

(5) 사외이사비율과 자본/자산비율

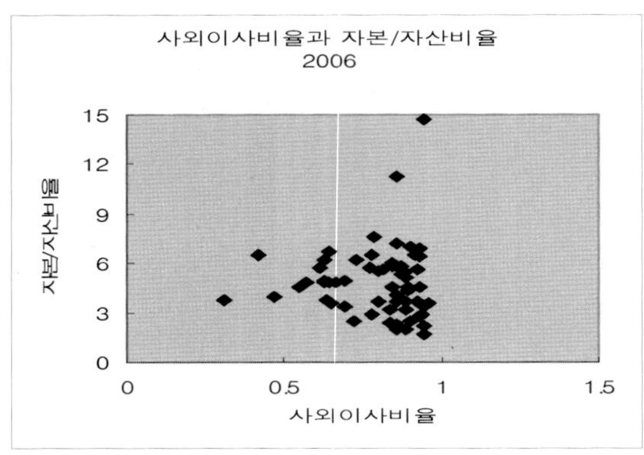

〈그림 4-15〉 사외이사-자본/자산 비율

(6) 사외이사비율과 경영성과의 관계

<그림 4-11>~<그림 4-15>의 그래프를 통해 사외이사비율에 대한 실질이윤성장률, 평균자본에 대한 성과, ROA, BIS자본비율, 자본/자산 비율의 변화 추이를 살펴보면 자본/자산 비율을 제외한 4개의 항목이 사외이사비율과 미약하게나마 양(+)의 관계를 보이는 것으로 관찰되었다.

이러한 결과는 이사회내의 사외이사의 비율이 높을수록 경영에 대한 감시와 견제가 원활히 이루어져 경영과정에 긍정적 영향을 미침으로서 기술적 효율성뿐만 아니라 경영성과에도 긍정적 영향을 미치는 것이라 할 수 있다.

5) 실증분석결과의 요약

본 실증분석은 2006년 The banker지 7월호에 발표된 세계 200대 은행 중에 분석대상 변수와 시계열이 존재하는 83개 은행을 선정하여 DEA모형을 이용해 기술적 효율성(technical efficiency)을 측정하고, 각 은행의 사외이사수를 조사하여 전체 이사 수 대비 사외이사 비율을 측정하고, 경영성과를 조사하여, 사외이사비율과 효율성, 그리고 사외이사비율과 경영성과의 관계를 관찰해 봄으로서 이사회, 그리고 사외이사가 은행경영에 미치는 영향을 살펴봄으로서 은행지배구조 개선을 위한 실증적 근거를 찾고자 하였고, 그에 대한 분석결과는 다음과 같이 요약할 수 있다.

첫째, 본 연구에서 사용한 은행순위는 2006년 The banker지 7월호에 발표된 것으로 각 은행의 Tier1 capital의 크기를 기준으로 작성된 순위이고, 본 연구대상기간동안에는 사외이사비율 순위와 효율성 순위와는 관련이 없는 것으로 관찰되었다.

둘째, 2006년 사외이사비율 값(순위)는 2004년, 2005년 효율성 측정결과와 양(+)의 관계에 있음이 관찰되었고, 2006년 효율성 측정결과와는 값과 순위 모두에서 상당히 밀접한 관련이 있음이 관찰되었다. 특히 2006년의 경우 사외이사비율 순위와 효율성 측정값의 순위가 거의 일치함을 관찰할 수 있다.(부표 9) 즉 이사회에서의 사외이사의 비율이 큰 은행일수록 기술적 효율성이 높다는 것이고, 기술적 효율성이 높다는 것은 주어진 투입요소집합으로 최대의 생산을 달성하여 경영성과에 긍정적 영향을 미친다는 것이다.

물론 사외이사는 직접 생산활동에 참여하지는 않는다. 그렇다면 어떻게 사외이사의 활동이 생산활동에 영향을 미쳐 기술적 효율성을 높인다는 것인가?

이러한 결과는 이사회 내에서의 사외이사의 역할에서 그 원인을 찾아볼 수 있을 것이다. 즉 이사회 내에서 사외이사는 의결에 참가하는 회사의 임원이나 피고용인이 아닌 이사로서 회사의 업무집행자의 영향력 하에 놓여있지 않고, 업무집행기관으로부터 독립적인 지위를 갖고 그 임무수행을 함으로서 대주주 또는 지배주주의 사적이익 추구 유인을 견제하면서, 일반주주의 권익을 옹호하는 역할을 수행한다. 즉 사외이사가 업무집행기관으로부터 부여받는 독립성의 정도와 대주주 또는 지배주주의 사적이익 추구 유인에 대한 견제 정도가 클수록 효율적 경영감시가 원활이 이루어져 생산활동에 긍정적 영향을 미친다는 것이다.

특히 본 연구에서는 수량적 분석을 위해 전체이사에서 사외이사의 비율을 이사회 활동의 기준으로 삼아 분석한 결과, 사외이사비율이 높을수록 기술적 효율성과 경영성과가 호전되는 결과를 얻었다. 이러한 결과는 이사회에서 사외이사의 역할이 차지하는 비중을 직 · 간접적으로 보여준다 할 수 있다.

본 연구결과에 의하면 경영지배구조 즉 이사회의 개선이 얼마나 기업성과에 큰 영향을 미치는지 확인할 수 있을 것이다. 따라서 이사회 즉 사외이사제에 대한 좀 더 구체적인 개선책이 마련된다면 기업들의 경영성과에 상당한 진전이 있을 것으로 예상된다.

차후에 본 연구에서의 수량적 분석과 함께 사외이사들에 대한 질적 정보를 추가시켜 분석을 시도한다면 이사회운영에 있어 사외이사의 역할에 대한 좀 더 심층적인 분석이 가능할 것으로 생각된다.

7. 우리나라 은행들의 사외이사비율과 효율성

본 실증연구의 궁극적 목적은 우리나라 은행의 경영지배구조 개선을 위한 근거를 찾는 것이다. 따라서 우리나라 은행들을 세계은행들과 분리해서 분석할 필요가 있다.

앞서의 분석결과에서 세계은행들의 사외이사비율과 효율성간의 관계는 양(+)의 관계를 갖는 것으로 나타났다. 그렇다면 우리나라 은행들에게서도 동일한 결과를 얻을 수 있을 것인가? 만일 동일한 결과를 얻게 된다면 앞의 결과와 마찬가지로 사외이사비율의 증가가 효율성과 경영성과를 향상시킬 것이라 예상할 수 있다.

<표 4-14> 우리나라 은행들의 사외이사비율과 효율성 비교

TIER1 순위	BANK	효율성	효율성 순위	사내 이사수	사외 이사수	총 이사수	사외이 사비율	사외이사 비율순위
28	국민	1	1	1	13	14	0.93	1
47	우리	1	1	1	12	13	0.92	2
48	신한	0.81	3	2	11	13	0.85	3
60	외환	0.454	5	5	9	14	0.64	5
61	중기	0.477	4	4	9	13	0.69	4

위의 <표 4-14>를 보면 앞서의 세계은행들과 동일한 결과가 도출되었음을 알 수 있다. 즉 측정결과 우리나라에서 가장 사외이사비율이 높은 은행은 국민은행인데, 기술적 효율성도 가장 높은 결과를 보이고 있다. 다른 은행들 역시 마찬가지의 결과를 보이면서 세계은행들의 사외이사비율과 효율성과의 관계에 대한 분석과 동일한 추세를 보이고 있다.

이러한 결과는 앞서 내린 결론과 마찬가지로 사외이사비율과 기술적 효율성이 서로 상당히 밀접한 관련을 가지고 있음을 충분히 뒷받침한다 할 수 있다. 즉 사외이사비율의 증가가 효율성과 경영성과에 긍정적 영향을 미치고, 이는 해당 기업과 해당 기업의 주주들에게 매우 긍정적인 결과를 가져다준다 할 수 있다.

따라서 사외이사가 본래의 책임과 의무를 다하면서 자신들의 역할을 충분히 해나갈 수 있도록 경영지배구조를 개선하는 것은 바람직한 기업문화를 만들어 기업과 주주, 더 나아가 바람직한 국가경제에도 큰 도움이 될 것이라 생각된다.

Ⅴ 우리나라 사외이사제도에 관한 고찰

1. 사외이사제도의 도입

1) 사외이사제도의 도입과정

1997년 말 IMF 경제체제 이후 기업지배구조를 세계적인 추세에 맞추어 개선하기위해, 경영감독 장치가 부실한 국내기업의 특성상 일부의 이사를 지배주주와 이해관계가 없는 사람으로 충원하여 그들로 하여금 지배주주와 그를 대표하는 경영자를 감시하는 장치로서 도입되었다. 사외이사는 대주주 또는 지배주주의 사적 이익 추구 유인을 견제하면서, 일반주주의 권익을 옹호하는 역할을 수행한다.

〈표 5-1〉 사외이사제도의 도입 과정

연도	주요내용	관련근거
1998.2	상장법인 사외이사 선임 의무화 (이사총수의 1/4이상, 최소 1인 이상)	유가증권 상장규정
1999.9	-기업지배구조개선위원회에서 기업지배구조모범규준 제정 -금융기관과 대규모공개기업(자산 1조원 이상)은 1/2이상(최소 3인 이상)	기업지배구조 모범규준

연도	주요내용	관련근거
2001.3	-코스닥 상장법인에 대해서도 선임의무화(자산 1천억원 미만 벤처기업 제외) -대규모기업(자산 2조원 이상)과 금융기관은 이사총수의 1/2이상 사외이사 의무화 -대규모기업(자산 2조원 이상)의 사외이사후보 추천위원회 설치 의무화	증권거래법
2003.2	-사외이사의 수는 최소 2인이상 -대규모공개기업(자산 1조원 이상)은 과반수 (최소 3인이상)	기업지배구조 모범규준
2003.12	-자산 2조원 이상 주권상장법인 또는 코스닥 상장법인 : 3인 이상 및 이사총수의 과반수	증권거래법

자료: 기업지배구조개선 지원센터 보도자료. 2003.12

(1) 유가증권 상장규정

1998년 2월 18일 증권거래소의 「유가증권상장규정」을 개정하여 주권상장법인의 사외이사 선임을 의무화 하였다. 사외이사는 이사로서 상무에 종사하지 않는 자(유가증권상장규정 제2조 12호)로서 경영, 경제, 회계, 법률 또는 관련기술 등에 대한 전문지식이나 경험이 풍부해야 하며, 사외이사로서 독립성을 저해할 우려가 있는 일정한 결격요건에 해당하지 않아야 한다(규정 제48조의5). 사외이사의 수는 상장회사 총이사수의 1/4이상(최소 1인 이상) 이어야 하고, 3개사까지 겸임이 가능하다. 사외이사를 선임하지 않으면 주권상장 폐지요건(규정 제37조 제4호)에 해당되고, 관리종목으로 지정된다. 또한 사외이사에 관한 공시제도를 마련하였다(상장법인 고시규정 제4조 제29호 가목, 제22조의3).

(2) 기업지배구조 모범규준 제정과 개정

1999년 9월 제정된 기업지배구조 모범규준은 지배구조 관련법제를 개정하는 모형이 되었으며, 모범규준을 지침으로 한 기업들의 자발적인 노력과 사회각계의 활동으로 기업경영의 투명성과 증권시장의 신인도가 적지 않게 향상되었고, 시장참여자의 기업지배구조에 대한 관심도 크게 증가시켰다.

그러나 모범규준의 제정 이후의 제도 개선과 일부 기업들의 자발적인 지배구조 관행의 변화로 인해 기존 모범규준은 향후의 지배구조 개선 방향을 제시하는데 다소 미흡하다는 인식이 있었고, 또한 미국에서 발생한 대규모 회계부정 사건들은 많은 나라들이 지배구조 개혁을 위한 새로운 법제를 도입하고 증권시장 관리자가 관련 규정을 강화하는 계기가 되었다. 이에 대해 기업지배구조개선센터에서는 이러한 여건의 변화를 고려해 우리 기업의 지배구조 환경에 비추어 개선의 타당성이 인정되면서 동시에 글로벌 스탠다드에도 손색이 없는 내용을 담기 위해 모범규준을 개정하게 되었다고 밝히고 있다.

기업지배구조개선지원센터에서 밝히는 개정과정은 다음과 같다.

ⅰ) 2002. 6월 ~ 2002. 10월말 : 모범규준 개정안에 대한 연구 실시
　－기업지배구조개선 연구위원회가 4개 분과위에서 분과별 연구와 8회의 전체회의를 거쳐 개정초안 마련
ⅱ) 2002. 10월 : 개선위원회 및 연구위원회의 합동간담회 실시 및 토론내용 반영.
ⅲ) 2002. 10월 ~ 2002. 12월 : 지배구조 우수기업 선정기준 개정안에 대한 연구
　－연구위원회의 분과별 연구와 3회의 위원회 전체회를 통해 개정안 마련.
ⅳ) 2003. 1월 : 모범규준 등 개정안에 대한 공청회(1/22) 실시 및 그 결과 반영.
ⅴ) 2003. 2. 17 : 개선위원회 회의를 통해 모범규준 등 개정안 수정 결의 및 확정.

이렇게 개정된 기업지배구조 모범규준의 주요 내용은 다음과 같다.

<표 5-2> 기업지배구조 모범규준 현행·개정 내용

구 분	현 행	개 정
이사회 내 사외이사 수	·모든 기업의 사외이사 수는 이사회가 실질적으로 독립성을 유지할 수 있는 규모 유지 ·대규모 공개기업은 전체이사의 1/2이상(최소한 3인 이상)을 사외이사로 선임	·모든 기업의 사외이사수는 최소한 2인 이상 ·대규모 공개기업은 전체 이사의 과반수 (최소 3인 이상)를 사외이사로 선임
이사회의장과 CEO의 분리	<신설>	·대규모 공개기업은 이사회 의장과 대표이사를 분리하여 선임하거나 선임사외이사 선임 권고
이사의 선임	·사외이사가 1/2이상 포함된 이사후보 추천위원회는 사외이사 후보를 추천하도록 하고 점진적으로 모든 이사를 추천하도록 권고	·사외이사가 과반수 포함된 이사후보 추천위원회는 이사후보를 추천해야 함
사외이사 자격요건 신설	<신설>	·사외이사는 해당기업과 중대한 이해관계가 없는 자를 선임 예시) 5년의 cooling off period 등
이사회 내의 위원회 설치	<신설>	·이사회 내부에 감사·추천·보상위원회의 설치 권고 및 대규모 공개기업은 동 위원회를 설치하도록 함. ·추천위원회는 과반수를, 보상위원회는 전원을 사외이사로 구성 ·위원회의 활동내용에 관한 보고서를 매년 이사회 제출
이사회 구성원의 주식 보유	<신설>	·경영참여 및 감시기능 제고를 위해 이사회 구성원 전체에 대한 회사의 주식보유 권고
내부감사기구 설치대상 확대	·대규모공개기업, 정부투자기관, 금융기관의 이사회는 감사위원회를 설치하는 것이 바람직함	·공개기업, 정부투자기관, 금융기관의 이사회는 감사위원회를 설치하는 것이 바람직함
감사위원회 구성	·감사위원회는 3인 이상의 이사로 구성하며, 위원장을 포함한 2/3이상은 사외이사여야 함	·감사위원회는 3인 이상의 이사로 구성하되 전원 사외이사로 할 것을 권고하고, 위원장을 포함한 3분의 2 이상은 반드시 사외이사로 구성

구 분	현 행	개 정
외부감사인 선임	·감사위원회가 주주총회에 외부감사인 후보를 추천	·감사위원회가 외부감사인의 선임과 해임을 승인하고 주주총회에 사후 보고
외부감사인의 독립성 제고	·외부감사인이 회계감사 이외에 경영자문 등을 하는 경우에는 외부감사인의 독립성에 영향을 미치지 않아야 함	·회계감사 이외에 외부감사인의 비감사서비스의 제한 및 필요시 감사위원회의 사전승인을 받도록 함.
외부감사인의 중요 확인사항 보고	<신설>	·외부감사인은 외부감사 활동 중에 확인한 중요사항을 감사위원회(감사)에게 보고 권고
지배구조 운영사항 공시	·기업의 지배구조 운영과 모범규준의 차이발생 이유 설명 권고	·기업의 지배구조 운영이 모범규준과 중대한 차이가 발생한 이유를 공시해야 함
재무보고의 정확성 등 인증	<신설>	·공개기업 대표이사 및 재무담당책임자의 재무보고 정확성, 완전성 인증하여야 함
기업윤리규정	<신설>	·기업윤리규정의 제정 및 공시
전자투표관련 법령개정 권고	<신설>	·주주권 행사를 용이하게 하기 위한 전자투표 가능 관련법령 개정권고
지배구조펀드 설립 권고	<신설>	·지배구조 개선 기업 투자 목적의 지배구조펀드 설립 권고
사외이사 피선임권	<신설>	·경영진 또는 최대주주의 특수관계인을 제외한 모든 주주의 사외이사 피선임권 부여

자료: 기업지배구조개선지원센터 보도자료, 2003. 2. 19

(3) 증권거래법 개정

증권거래법은 2000년 1월 개정(2000. 1. 21. 법률 제6176호)으로 사외이사와 감사위원회 및 준법감시인 제도의 법적 근거를 마련하였고, 2003년 12월 개정에서는 대규모 상장법인의 사외이사 수를 과반수로 확대하였으며(동법 제191조의16 제1항), 감사위원회 위원 중 1인 이상을 대통령령이 정하는 회계 또는 재무전문가로 선임하도록 하였다.

(4) 은행법 개정

은행법에서는 1997년 1월 비상임이사 중심의 이사회제도를 도입 운영하기 시작하였다. 동법은 1997년 1월의 개정에서 상임이사의 인원수를 총 이사수의 50%미만으로 제한하고, 비상임이사 전원으로 은행장·감사후보추천위원회를 구성토록 하는 등 비상임이사(2000년 1월 사외이사로 명칭 변경) 중심의 이사회제도로 개편하였다.

1999년 2월에는 선진 금융기관의 모범사례를 토대로 하여 경영지배구조를 개편하여 현행 은행의 지배구조 기본골격을 마련하였고, 즉 상임이사의 수를 대폭 축소하여 실질적인 비상임이사 중심의 이사회를 구성함으로써 이사회의 통합기능을 강화하도록 하였고, 이사회의 의사결정기능과 집행기능을 분리하여 경영진으로 하여금 집행기능을 담당케 하고, 이사회 산하에 각종 소위원회를 두어 이사회의 의사결정기능을 제고하도록 하였다.

2000년 3월 사외이사중심의 이사회제도 운영상 나타난 일부 미비점을 보안·개선하였다. 즉 상업 마인드와 직무 전문성이 있는 사외이사 선임을 유도하기 위한 은행 자체적인 선정기준·절차 등 제도적 장치를 구축토록 하고, 이사회 의장과 은행장을 분리하고 그 역할분담을 명확화 하도록 하였으며, 이사회를 위한 전담조직 설치 등 보좌기능을 강화토록 하고, 이사회 산하 위원회에 이사회안건 부의권한을 부여하는 등 그 기능과 책임의 명확화 및 개최횟수의 확대(월1회 이상)를 도모토록 하였다. 그리고 이사 및 경영진에 대한 성과평가 실시의 의무화 및 경영성과와 연동된 성과주의 보수체계를 마련토록 하였으며, 사외이사에 대한 활동평가에 연계가 가능토록 그 임기를 1년으로 단축하고 보수도 동 평가에 따라 차등 지급토록 하는 한편 감사위원회의 기능을 강화하기 위해 1인의 상근 감사위원을 선임토록 하였다.

2001년 1월 은행법 개정(2000. 1. 21 법률 제6177호)시에는 증권 거래법과 마찬가지로 사외이사 제도와 감사위원회, 준법감시인 제도를 도입하였고, 내부통제기능을 강화하고 경영의 투명성을 제고하기 위해 감사위원회 및 준법감시인 제도를 도입하였다.

2002년 4월 은행법의 개정에서는 은행장 및 사외이사 선임방식을 개정하였다. 은행장후보추천위원회제도를 폐지하여 각 은행의 특성에 적합한 추천절차를 선택토록 유도하였다. 또한 사외이사 선임에 관한 은행 특례규정을 폐지하고 증권회사와 같은 사외이사후보추천위원회제도를 도입하였으며(은행법 제22조 제3항), 사외이사는 사외이사후보추천위원회의 추천을 받은 자 중에서 주주총회에서 선임토록 하였다.

2004년 1월에는 사외이사 및 감사위원회 위원의 전문성 제고를 위해 은행 정관 등에 적극적인 자격요건(전문성 요건)을 마련토록 하였다.

(5) 회사법 개정

우선, 1998년 회사법 개정(1998. 12. 28 법률 제5591호)은 1997년 IMF 외환위기에 따른 경제난국을 타개하기 위해 시도한 것으로 개정된 구체적인 내용은 다음과 같다.

채권자의 이의기간의 단축(상법 제232조 제1항) 주식의 최저액면가의 하향조정(동법 제329조 제4항), 주식분할제도의 신설(동법 제329조의2), 주주제안권의 신설(동법 제363조의2), 소수주주권의 행사요건의 완화(동법 제363조의2, 제366조, 제385조, 제466조, 제467, 제520조, 제539조 등), 집중투표제의 도입(동법 제382조의2), 이사의 충실의무 신설(동법 제382조의3), 이사 인원수의 자율화(동법 제383조 제1항 단서), 업무집행지시자의 책임제도 신설(동법 제401조의2), 현

물출자에 대한 검사인의 조사를 감정인의 감정으로 갈음할 수 있다는 조항의 신주 발행시에도 확대 적용(동법 제422조 제1항 후단), 중간배당제도의 신설(동법 제462조의3), 소규모 합병절차 제도의 신설(동법 제527조의3), 신설합병의 창립총회(동법 제527조 제4항), 회사분할제도의 신설(동법 530조의2-제530조의11) 등을 들 수 있다.[93]

1999년 개정(1999. 12. 31, 법률 제6086)은 1998년 개정과 마찬가지로 IMF 외환위기 경제의 연장선상에서 주식회사법의 개정이 그 주요한 대상이 되었다. 특히, IMF와 IBRD 등 외국기관의 권고를 많이 받아들였으며, 주로 기업의 지배구조개선에 역점을 두고 개정 한 것이라 할 수 있다.

사외이사와 관련된 개정내용으로는 주주총회 의장의 지위 명문화(동법 제366조의2 제2 · 3항), 주주총회 · 이사회 운영의 탄력화(동법 제391조 제2항), 이사회 의사록의 관리개선(동법 제391조의3 제4항), 감사위원회 등 위원회 제도의 신설(동법 제415조의2) 등이다.

2001년 개정내용으로는 이사의 비밀유지 의무 신설(제382조의4), 이사회의 소집 방법의 추가(제390조의 제2항), 이사회의 권한 추가(제393조의 제1항), 이사의 정보접근권의 보장(제393조의 제3항) 등이 있다.

2) 사외이사의 자격요건

현행 상법과 증권거래법에서 정하고 있는 사외이사의 자격요건은 다음과 같다.

---

93) 정기승, 「금융회사 지배구조론」, 2007. 9. pp.115-117.

① 상법 제415조의2 제2항에 의하면 회사의 업무를 담당하는 이사 및 피용자 또는 선임된 날부터 2년 이내에 업무를 담당한 이사 및 피용자이었던 자, 최대주주가 자연인인 경우 본인·배우자 및 직계존속·직계비속, 최대주주가 법인인 경우 그 법인의 이사·감사 및 피용자, 이사의 배우자 및 직계존속·직계비속, 회사의 모회사 또는 자회사의 이사·감사 및 피용자, 회사의 거래관계 등 중요한 이해관계에 있는 법인의 이사·감사 및 피용자, 회사의 이사 및 피용자가 이사로 있는 다른 회사의 이사·감사 및 피용자 등은 사외이사가 될 수 없다.

② 증권거래법 제54조의5 제4항 및 제191조의15 제3항에 의하면,
 ⅰ) 미성년자, 금치산자, 한정치산자 등의 무능력자
 ⅱ) 파산으로 복권되지 않은 자
 ⅲ) 금고 이상의 형을 받고 그 집행이 종료되거나 집행을 받지 않기로 확정된 후 2년을 경과하지 않은 자
 ⅳ) 이 법에 의해 해임되거나 면직된 후 2년을 경과하지 않은 자
 ⅴ) 당해 회사의 주주로서 의결권 있는 발행주식 총수를 기준으로 본인 및 그의 특수관계인이 소유하는 주식의 수가 가장 많은 경우 당해 본인(최대주주)
 ⅵ) 최대주주의 특수관계인
 ⅶ) 당해 회사의 주요주주 및 그의 배우자와 직계존속·비속
 ⅷ) 당해 회사 또는 계열회사의 임직원이거나 최근 2년내에 임직원이었던 자
 ⅸ) 당해 회사의 임원의 배우자 및 직계존속·비속
 ⅹ) 당해 회사와 대통령이 정하는 중요한 거래관계가 있거나 사업상 경쟁관계 또는 협력관계에 있는 법인의 임직원이었던 자

xi) 당해 회사의 임직원이 비상근이사로 있는 회사의 임직원

xii) 기타 사외이사로서의 직무를 충실히 이행하기 곤란하거나 당
해 회사의 경영에 영향을 미칠 수 있는 자로서 대통령령이 정
하는 자 등은 증권회사의 사외이사가 되지 못하며, 사외이사
가 된 후 이에 해당하게 되면 그 직을 상실하게 된다.

2. 우리나라 은행업의 사외이사 현황

은행경영에 있어 경영의 투명성 및 공정성과 성과책임은 조직의
지속적인 성장·발전을 위한 핵심요건으로 대두되고 있다. 실제로 97
년 외환위기시 금융시스템의 붕괴를 초래했던 은행부실화도 결국은
경영투명성 및 책임경영의 부재가 원인이었다. 그러나 경영의 투명
성, 공정성, 책임성 등을 대주주나 경영자의 의지에만 의존하는 것은
위험하므로 제도적으로 경영지배구조 확립을 통해 이를 확보하는 것
이 가장 효과적이라 할 수 있다.

우리나라 일반은행의 경영지배구조는 주주총회, 이사회 및 감사위
원회로 구성되며, 특히 이사회 내 사외이사의 역할이 최근 경영지배
구조 논의에 가장 중요한 쟁점이 되고 있다. 그래서 이사회구성과
관련하여 은행법은 일반은행에 대해 일정비율의 사외이사-3인이상
으로서 전체이사의 50% 이상-선임을 강제했다.

<표 5-3> 은행법에 근거한 사외이사 선임

	일반은행	
	이사회	감사위원회
구성요건	사외이사 3인이상(단 사외이사가 전체의 50% 이상)	사외이사가 전체의 2/3이상
구성원추천	사외이사후보추천위(사외이사 1/2이상)	감사위원후보추천위(전원 사외이사)
근거법	상법 및 은행법	상법 및 은행법

자료: 한국은행, 은행의 경영지배구조 현황 및 개선방향, 2004, p 2~3.

감사위원회는 이사회내의 산하위원회이지만 경영투명성 확보를 위해 법으로 강제하고 있고, 한편 경영지배기구와 별도로 은행법은 일반은행에 대해 임직원이 내부통제기준을 준수토록 하기 위해 준법감시인 선임을 의무화하고 있다. 즉 감사위원회가 주주입장에서 경영진의 직무를 견제·감시하는데 반해 준법감시인은 경영진의 입장에서 임직원의 내부통제기준 준수여부를 감시한다는 것이다.

다음은 2007년 12월말 현재 국내은행들의 이사회 구성 현황인데, 이들 은행들을 국내은행과 외국계은행으로 나누어 분석한 결과는 다음과 같다.

<표 5-4> 국내은행산업의 이사회 구성 현황

	국내은행			외국계은행		
	국민	신한	우리	제일	외환	씨티
사외이사수	9	7	8	8	6	8
사내이사	4	2	3	2	3	3
전체이사수	13	9	11	10	9	11
사외이사비중	0.69	0.78	0.73	0.8	0.67	0.73
평균사외이사수	8			7.3		
사외이사비중	0.73			0.73		
2003년말 사외이사비중	0.57			0.74		
2003년말 평균사외이사수	9.1			13		

자료: 각 은행의 홈페이지

위의 표는 2003년 말과 2007년 말의 국내은행과 외국계은행의 이사회 구성 현황을 나타낸 것이다. 평균 사외이사수의 경우, 2003년 말 국내은행의 경우 9,1명, 외국계은행의 경우 13명이었고, 2007년 말에는 각각 8명, 7.3명으로 사외이사는 수치상 줄어든 것으로 나타났으나, 구성비 상으로는 2003년 말 국내은행의 경우 0.57, 외국계은행의 경우 0.74이었던 반면 2007년 말에는 각각 0.73, 0.72 등의 비율을 기록하고 있다. 즉 사외이사 수는 2007년에 2003년에 비해 줄어든 것으로 보이나 구성비 상으로는 오히려 증가한 결과를 보여준다. 또한 두 시기의 사외이사 비중의 차이가 많이 줄어 그 값이 거의 같아진 결과를 볼 수 있다. 이러한 결과는 최근 4년 동안 우리나라의 경영지배구조가 외형적으로는 많이 발전했고, 다년간의 구조조정 등의 노력을 통해 글로벌스탠다드에 부합하는 경영지배구조를 구축해오고 있음을 보여준다 할 수 있다.

〈표 5-5〉 각 은행 사외이사 경력 현황

(단위: 명)

은행	외국인 수	사외이사 경력 현황						
		총계	금융	교수	변호사/ 회계사	언론	기업	기타
국민	2	9	2	3	1	-	3	-
신한	1	12	6	2	-	-	4	-
우리		8	4	3	1	-	-	-
제일	4	9	6		-	-	3	-
외환	2	6	5	-	-	-	1	-
씨티	4	8	6	2	-	-	-	-

자료: 각 은행 홈페이지 IR자료

〈표 5-6〉 각 은행 사외이사 경력자

(단위: %)

	외국인 비율	금융	교수	변호사 /회계사	언론	기업	기타	총합
국민	22.22	22.22	33.33	11.11	-	33.33	-	100
신한	8.33	50	16.66	-	-	33.33	-	100
우리	-	50	37.5	12.5	-	0	-	100
국내 은행	10.34	41.37	27.58	6.89	-	24.13	-	100
제일	44.44	66.66	-	-	-	33.33	-	100

	외국인 비율	금융	교수	변호사/화계사	언론	기업	기타	총합
외환	33.33	83.33	-	-	-	-	-	100
씨티	50	75	33.33	-	-	-	-	100
외국계 은행	43.47	73.91	8.69	-	-	17.39	-	100
2003 국내 비율	5.48	28.8	21.9	6.8	6.8	30.1	5.5	100
2003 외국계 비율	72.4	79.3	3.4	-	-	6.9	-	100

자료: 각 은행 홈페이지 IR자료

각 은행 사업이사의 경력사항을 조사해 보면 외국계 은행이 국내 은행에 비해 금융업 경력자 비중이 높게 나타나고 있다. 특히 외국계은행은 금융계 비중이 73.01%로 가장 높고, 교수 및 기업인이 각각 8.69%, 17.39%로 나타나고 있다. 국내은행 또한 금융계 비중이 41.37%로 가장 높고, 교수 및 기업인이 각각 27.58%, 24.13%로 나타나 외국계 은행보다 교수의 사외이사 비율이 월등히 높음을 알 수 있다.

금융계 및 관련학과 전공교수들을 금융전문가로 봤을 때, 외국계 은행은 81.7%의 사외이사를 금융계 전문가로 볼 수 있고, 국내은행은 68.96%의 사외이사를 금융계 전문가로 볼 수 있다. 이러한 결과는 현재 국내은행의 경우 사외이사의 전문성이 외국계은행보다는 조금 낮다는 것을 보여준다 할 수 있다.

그리고 2003년도 수치와 비교했을 때, 국내은행의 경우 외국인 사외이사비율은 5.48%에서 10.34%로 증가하였고, 금융계 비중은 28.8%에서 41. 37%로 증가하였고, 교수 및 기업인의 비중은 각각 21. 9%, 30.1%에서 27.58%, 24.13%로, 즉 교수의 비중은 늘어나고 기업인의 비중은 줄어든 것으로 나타났다.

앞에서와 마찬가지로 금융계 및 교수들을 금융전문가로 봤을 때, 2003년도 외국계 은행의 금융전문가 비율은 82.7%이고, 국내은행은 50.1%로, 2007년도의 비율과 비교했을 때 외국계 은행은 1%p의 증가를 보이고, 국내은행은 18.95%p의 큰 폭의 증가를 보였지만 외국계 은행의 수준에는 훨씬 미치지 못했다.

따라서 사외이사 구성으로 보아 외국계 은행이 국내은행보다 이사회의 전문성이 높은 것으로 판단된다. 물론 국내은행이 4년 동안 사외이사 수와 비중을 늘려 외형적으로는 글로벌스탠다드에 가까운 정도의 비중을 가지고 있지만, 그 구성원의 전문성 측면에서는 아직 외국계 은행에는 미치지 못하는 것으로 나타나고 있다.

또한 <부표 19>에서 세계 상위권 은행들의 사외이사 비율과 국내은행들을 비교하자면 현재 국내에서 영업하고 있는 모든 은행의 사외이사비율은 0.73으로 사외이사비율 측면에서는 세계 50위권 내에 순위로 이사회 내에서의 사외이사비율은 세계적인 수준에 와있는 것으로 판단된다.

또한 전 산업과 금융업 사외이사 수를 비교하자면 현재 우리나라 금융업 이사회에서의 사외이사 수나 그 구성비가 다른 여타 산업보다 높음을 알 수 있다.

<표 5-7> 업종별 사외이사 수

구 분	업 종	회사 수	사외이사 수
주권법인	제조업	470	981
	비제조업	150	372
	금융업	53	201
	계	673	1554

자료: 2007년 주권·코스닥 상장법인 사외이사 선임현황 분석, 한국상장회사협의회

특히 전 산업에 대한 사외이사 수 상위사를 조사한 결과를 보면 금융업이 대부분을 차지함을 볼 수 있다.

지금까지의 이사회의 구성과 사외이사의 경력분포로 보면 다른 산업들보다 금융업의 사외이사수와 비율이 월등히 높음을 알 수 있다. 이는 여타 산업들 보다 금융업이 경영투명성 및 책임경영이 요구되는 산업임을 보여주는 것이고, 이러한 상황들이 좀 더 효율적인 경영성과를 낼 수 있게 한다고 판단할 수 있다.

또한 사외이사 구성비 측면에서는 외국계은행과 국내은행 모두 동일한 비율을 보이나 사외이사 중에서 금융전문가인 사외이사 구성비는 외국계은행에서 높게 나타나는데, 이는 외국계 은행이 경영지배구조의 투명성 및 전문성을 중요시함을 알 수 있다.

〈표 5-8〉 사외이사 수 상위사

순 위	회 사 명	사외이사 수
1	신한금융지주	12
2	KT&G 포스코 하나금융지주	9
5	국민은행 두산인프라코어 KT 하이닉스반도체 한국전력공사 SK텔레콤	8

자료: 한국상장사협의회 2007년

지금까지의 우리나라 은행업과 세계은행들의 사외이사제도에 관한 분석결과에 따르면 이사회의 사외이사의 구성비가 높을수록 사외이사의 감시 및 통제자로서의 역할, 회사합병 또는 인수 시 공정한 조정자로서의 역할, 이해 상충 시 공정한 판단자로서의 역할 등을 효과적으로 이행할 수 있고, 이러한 효과적 이행은 경영투명성 및 책임경영을 가능케 하여 좀 더 높은 경영성과를 낼 수 있게 한다고 판단할 수 있다.

3. 우리나라 은행의 사외이사제도의 문제점

1) 사외이사의 독립성의 문제

우리나라에 사외이사제도가 도입된 이후 가장 큰 문제로 지적된 것은 우선 사외이사의 독립성 문제이다. 우리나라 증권거래법은 최대주주의 특수관계인은 사외이사가 될 수 없도록 규정하고 있으나, 최근 은행 사외이사들의 대주주 출신 임원 비중이 늘면서 사외이사의 독립성이 떨어진다는 지적이 제기되었다.

다음의 국내 시중은행의 사외이사 구성을 살펴보면 이러한 지적이 기우가 아님을 명확히 알 수 있다. 즉 각 은행의 사외이사 중 신한 2명, 우리 1명, SC제일 2명, 외환 3명, 시티 4명이 최대주주 특수관계인이다.

〈표 5-9〉 각 은행 이사회의 최대주주 특수관계인 현황(2007년 12월 기준)

은행명	최대주주 특수관계인 수	관 계
신한	2	신한금융지주회사 사장(현)
		신한금융지주회사 부사장(현)
우리	1	우리금융지주(주) 회장
SC제일	2	SC그룹 인원, 자산, 준법 총괄 이사
		SC그룹 인사부문 총괄 대표
외환	3	Lone Star(Vice Chairman)
		Lone Star(Counsel-Asia)
		Lone Star Advisor Korea(President)
시티	4	시티그룹 인터내셔널 프랜차이즈 매니지먼트
		시티그룹 아시아-태평양지역 소비자금융 최고경영자
		시티뱅크 아시아, 태평양 지역 기업금융 최고경영자
		시티뱅크 아시아 기업 및 투자금융(홍콩소재) 최고 재무관리자

자료: 각 은행 홈페이지 IR자료

그런데 국민, 우리, 신한, 하나, 외환은행 등 5개 시중은행의 이사회에서 2006년 처리한 안건 198건 가운데 사외이사의 반대로 부결

된 안건이 단 한건도 발생하지 않았고, 신한은행과 하나, 외환은행은 2년 연속 반대 없이 각각 2년간 133건과 64건, 75건의 안건을 모두 무사통과시키는 기록을 세웠고, 상장사인 신한금융지주와 하나금융지주 역시 2년간 전원 찬성 속에 안건을 통과시켰다 한다(매일경제신문, 2007년 4월 25일). 이러한 경우 경영의 투명성 확보와 기업지배구조 개선, 소액주주 보호에 노력해야 할 사외이사들이 경영진의 의사결정을 형식적으로 승인하는 거수기 노릇에 머물 수 있다.

특히 일부 외국계 대주주의 경우 특수관계인을 은행 사외이사로 포진시켜 은행을 장악하고 있다. 위의 <표 5-5>와 <표 5-9>를 보면 외환은행의 경우 6명의 사외이사중 3명이 론스타 계열사 임원이므로, 사내이사 3명과 함께 총 6명의 특수관계인이 이사회를 장악하고 있는 것이다.

현재 증권거래법은 최대주주의 특수관계인은 사외이사가 될 수 없도록 규정하고 있지만 은행의 경우 사외이사의 독립성 요건에 대해 특별히 규정하고 있지 않은 은행법을 우선 적용받고 있어 예외로 취급되는 상황이다.

2) 사외이사의 전문성의 문제

사외이사 업무에 있어서 전문성은 사외이사로서 업무를 수행할 수 있는 능력과 업무의 효율성이 전제되어야 할 것이다. 사외이사로서의 업무능력에는 전문적인 지식과 그 업무에 대한 경험이 있어야 하므로 이러한 조건을 사외이사의 자격요건으로 함과 동시에 이러한 자를 다수 발굴하고 배출할 수 있는 제도적 장치가 마련되어야 한다.[94]

---

94) 정찬형, "사외이사제도", 「고시계」, 2001. 2. p.54

<표 5-6>에 의하면 우리나라 국내은행의 사외이사의 전문가 비율이 외국계 은행에 비해 낮다는 것을 볼 수 있다. 즉 금융계 및 관련 학과 전공교수들을 금융전문가로 봤을 때, 외국계은행은 81.7%의 사외이사를 금융계 전문가로 볼 수 있고, 국내은행은 68.96%의 사외이사를 금융계 전문가로 볼 수 있다. 이러한 결과는 현재 국내은행의 경우 사외이사의 전문성이 외국계은행보다는 조금 낮다는 것을 보여준다 할 수 있다.

3) 사외이사 선임의 어려움

사외이사 선임에 있어서 그의 독립성을 보장하기 위해 최근 사업연도말 현재의 자산총액이 2조원 이상인 주권상장법인 또는 협회등록법인은 사외이사후보를 추천하기 위하여 이사회 내 위원회의 하나로 '사외이사후보 추천위원회'를 설치하여(증권거래법 제191조의 16 제3항, 제54조의5 제2항), 이러한 사외이사후보 추천위원의 추천을 받은자 중에서 사외이사를 선임해야 한다(증권거래법 제191조의 16 제3항, 제54조의5 제3항). 그러나 증권거래법상 이러한 규정에 의해 사외이사의 선임이 대주주로부터 사실상 독립성이 보장되지 못하고 있다. 이러한 현실은 상장회사의 사외이사 추천방법 설문결과에서 거의 대부분이 대주주나 회사임원의 추천에 의해 사외이사가 선임된다는 점에서 확인할 수 있다.[95]

경영진에 의해 사외이사가 선임될 경우 성과를 내지 못하는 이유는 다음과 같다. 첫째, 자신을 사외이사로 지명해 준 경영진의 이익을 도외시하고 회사 전체의 이익을 위해 필요한 조치를 할 수 없다.

---

95) 한국상장협의회, "사외이사제도의 문제점 및 개선방안", 「상장」 2001. 6, p.42.

둘째, 사외이사가 속해 있는 이사회의 구성원인 경영자와 충돌하는 것은 그 자신의 전문분야에 대한 불이익이 있을 수 있으므로 이렇게 행동하는 것에 대한 동기를 감소시킬 수 있다. 셋째, 경영진의 선택으로 사외이사가 되었음에도 경영진에 대해 적의 있는 행동을 취할 때에는 이사회 구성원으로서의 명예를 얻을 수 있는 이익과 많은 보수의 포기, 사외이사로 다시 선임될 수 있는 기회의 박탈 등 불이익을 야기할 수 있기 때문이다.[96]

따라서 사외이사가 실제로 회사의 대주주로부터 독립하여 선임될 수 있는 새로운 방안이 모색되어야 할 것이다.[97] 이를 위해서는 사외이사가 경영진으로부터 얻을 수 있는 다양한 이익들을 고려하지 않게 할 수 있는 새로운 보수체계를 만들어야 한다.

4) 이사회 내 사외이사 비율 문제

<표 5-4>에 의하면 우리나라 은행들의 이사회내의 사외이사비율은 2003년에 비해 2007년 현재 큰 폭으로 상승하였으나 <부표 7>에 나타난 세계은행순위 상위권에 있는 은행들에 비해서는 비교적 낮은 정도이다. 사외이사의 비율이 낮은 경우 이사회의 반론이 의결에 반영될 수 있는 가능성은 그만큼 낮아질 수 있다. 이는 경영자를 감시해야 하는 사외이사가 제 역할을 하는데 큰 장애가 될 수 있다. 따라서 이사회의 사외이사비율을 증가시키고, 이를 효율적으로 운영할 수 있는 체계적인 제도의 개발이 필요하다고 할 수 있다.

---

96) Charles M. Elson, op. cit., p. 329, 하창효 전게논문 p.223 재인용.
97) 정찬형, "사외이사제도", 「고시계」, 2001. 2. p.54

5) 사외이사의 권한과 책임의 문제

사외이사는 상법상의 이사가 갖는 모든 권한을 갖는다. 즉 이사회 소집권 및 결의권(상법 제390조 1항, 2항) 각종 소의제기권(제238조, 제376조 2항, 제429조, 제529조), 검사인 선임청구권(제298조 4항), 주주총회 의사록 기명날인권(제373조 2항) 등을 갖고, 또한 직무수행 기준에 의해 다음의 권리를 갖는다.

i) 경영이사에게 그 담당업무에 관한 질문을 하고 의견을 제시할 권리, ii) 각종 회의록, 장부 기타 자료를 열람하고 등사할 권리, iii) 사업의 현장 및 시설들을 조사할 권리, iv) 회사의 자문위원 나아가 외부의 전문가에게 회사의 비용으로 직접 자문을 구할 권리 등의 권리를 행사할 수 있음을 구체적으로 명시하고 있다.[98]

사외이사가 대주주 또는 지배주주의 사적 이익 추구 유인을 견제하면서, 일반주주의 권익을 옹호하는 역할을 수행하기 위해서는 경영진에 대한 충분한 정보를 가지고 있어야 하므로, 사외이사에게 회사의 정보접근권을 부여하는 것은 감독기관인 이사회의 구성원으로서 효율적인 감독기능의 행사를 위해 꼭 필요한 일이라 할 수 있다.

그러한 의미에서 상법은 2001년 7월 24일자 개정을 통해서 대표이사가 회사정보를 이사회에 보고할 것을 요구할 수 있도록 하고(상법 제393조 제3항), 이사는 3월에 1회 이상 업무의 집행사항을 이사회에 보고하도록(상법 제393조 제4항) 규정하고 있으나, 상법의 규정은 사외이사가 회사정보를 직접 자기에게 제공할 것을 요구할 수 있는 것은 아니므로 사외이사의 정보접근권은 미흡하다 할 수 있다.

사외이사에 대해서 상법상 특별한 규정을 두고 있지는 않으므로,

---

98) 상장회사협의회, 「사외이사의 직무수행 기준」, 상장협자료 98-9, p.6.

사외이사의 책임과 의무는 법률상 사내이사와 구별이 없다(상법 제 393조, 제401조). 그러나 실제에 있어서 사외이사는 직접 업무집행을 수행하지 않기 때문에 이사로서의 책임은 오직 이사회 구성원으로서 부담하는 것에 국한되며, 비상근이고 일상 업무에 종사하지는 않기 때문에 이사회의 구성원으로서의 직무를 수행함에 있어서 요구되는 주의의무 정도도 사내이사보다는 가벼울 수 있지만[99], 사외이사의 책임면제나 제한에 대한 특별한 규정없이 책임질 사항이 발생했을 경우 사외이사가 감당해야 하는 심리적 부담은 적지 않을 것이다.[100] 이러한 부담은 결국 유능한 인재가 사외이사가 되는 것을 꺼려하는 요인으로 작용해 사외이사제도가 성공적으로 정착하는데 부담이 될 수 있다.[101]

---

99) 나승성, "사외이사제도에 관한 연구", 법조 Vol. 522. 2000. 3., p. 196.
100) 이균성, "주식회사의 사외이사의 지위", 상사법연구 제20권 1호, 2001. p. 240.
101) 권종호, "한국형 사외이사제도의 문제점과 그 개선방안에 관한 입법론적 모색", 상장협 제44호, 2001. 9., pp. 131-135.

Ⅵ 정책적 시사점

1. 사외이사제도 개선의 필요성

우리나라에 사외이사제도가 도입된 지 10년이 지났고, 외형적인 면에서 많은 발전이 있어왔다. 그러나 아직도 극복해야 할 많은 문제가 남아있다 하겠다. 즉 국내은행의 경우는 외국계 은행들에 비해 금융전문가의 비율이 다소 낮은 것이, 외국계 은행의 경우 최대주주 특수 관계인의 사외이사 비율이 높은 것이, 시중은행 전체적으로는 사외이사의 비율이 세계 상위권 은행들에 못 미친다는 것이 문제라 할 수 있다. 이는 결국 사외이사의 견제기능 및 대내적 위상이 세계 상위권 은행들에 미치지 못하다는 것을 의미하고, 결과적으로 외형적인 측면에서나 내용적인 측면에서 아직 세계적인 수준에는 미치지 못함을 알 수 있다. 따라서 다음과 같은 관련 제도의 개선이 절실히 요구된다 할 수 있다.

2. 사외이사제도의 개선방안

1) 사외이사의 독립성 강화

(1) 독립적인 사외이사의 선임

업무집행기관과 분리된 업무감독기관이 본래 취지에 맞게 업무집행기관에 대한 감독업무를 충실히 수행할 수 있도록 하기 위해서는 업무집행기관과 독립되고 업무에 대한 전문성과 경험이 많은 자가 사외이사로 선임되어 이사회를 구성해야 할 것으로 본다.

먼저 사외이사의 업무집행기관에 대한 독립성은 그의 선임 및 업무수행에서의 독립성이다. 사외이사 선임의 독립성을 보장하기 위해서는 사외이사가 실제로 대주주나 회사임원의 추천에 의한 선임을 배제하고 중립적인 기관의 추천에 의해 선임되도록 해야 할 것이다.

사외이사가 실제로 회사의 대주주로부터 독립하여 선임될 수 있으려면 사외이사를 추천하는 기관이 대주주로부터 사실상 독립되어야 하고, 추천받을 수 있는 후보의 자격이 대주주와 실제로 이해관계가 없는 자여야 한다. 이에 대해 국내 증권거래법은 대주주 등과 이해관계가 있는 일정한 자는 사외이사가 될 수 없음을 규정하고 있다.[102] 사외이사를 추천하는 기관이 추천위원회 등 회의체기관이면

---

102) 즉 주권상장법인인 또는 최근 사업연도 말 현재의 총 자산총액이 1천억 원 미만인 벤처기업을 제외한 협회등록법인은 당해 회사의 주주로서 의결권 있는 발행주식 총수를 기준으로 본인 및 그의 특수 관계인이 소유하는 주식의 수가 가장 많은 경우 최대주주, 최대주주의 특수관계인, 당해 회사의 주요주주 및 그의 배우자와 직계존비속, 당해 회사 또는 계열회사의 임·직원이거나 최근 2년 이내에 임·직원이었던 자, 당해 회사의 임원의 배우자 및 직계존비속, 당해 회사와 대통령령이 정하는 중요한 거래관계에 있거나 사업상 경쟁관계 또는 협력관계에 있는 법인의 임·직원이거나 최근 2년 이내에 임·직원이었던 자, 당해 회사의

그 구성원이 대주주로부터 실제로 독립되어야 한다. 이사회가 업무집행기관에 대한 감독기관인 점을 고려하면 이사회를 구성하는 사외이사 후보는 회사의 주주뿐만 아니라 채권자 등 회사의 이해관계인의 대표도 후보로 추천될 수 있을 것이다. 사외이사를 추천하는 자 또는 기관에게는 주주대표 뿐만 아니라 채권자 및 종업원 등 회사의 이해관계인 대표도 일정비율 포함시켜야 할 것으로 본다.

최근 우리나라 증권시장에서의 기관투자가의 보유비율이 증가하면서 증권시장에서의 기관투자가의 영향력이 확대되었다. 특히 외국인 투자자의 국내기업에 대한 적대적 M&A의 시도를 통해 경영참여를 한 이후, 국내의 기관투자가들도 주주총회를 통하여 경영참여를 하는 등 기업에 대한 의견개진을 활발히 하려고 하고 있다.[103]

지배주주 또는 이들의 신임을 받는 대표이사가 경영권을 장악하고 있는 상황에서 사외이사가 대표이사의 영향력으로부터 독립하여 경영감독기능을 수행하는 것은 매우 어려울 것이다. 특히 이들이 자신을 추천하여 선임된 경우에는 지배주주나 대표이사에 반하여 이사회에서 활동하기를 기대하기는 곤란할 것이다. 따라서 사외이사의 독립성을 강화하여 경영감독기능을 충실히 하기 위해 지배주주나 대표이사의 추천이 외에 별도의 추천 절차를 선임할 수 있는 방안이 필요한 것이다.

현재 일부에서 논의되고 있는 소액주주 및 기관투자가의 추천을

임·직원이 비상임이사로 있는 회사의 임·직원, 기타 사외이사로서의 직무를 충실하게 이행하기 곤란하거나 당해 회사의 경영에 영향을 미칠 수 있는 자로서 대통령령이 정하는 자는 사외이사가 되지 못하고 또한 사외이사가 된 후 이에 해당하는 경우에는 그 직을 상실하는 것으로 규정하고 있다. (증권거래법 제191조의16 3항, 제54조의5 4항)

103) 한국경제신문, "펀드자본주의시대 - 불과 50억으로 자산 8조그룹 공략", 2006.10.24, 참조 : 조선일보, "미래에셋 '투자기업에 목소리 낼 것' 주총에서 적극적 의결권 행사키로", 2007.2.13

통한 사외이사의 선임도 한 대안이 될 수 있을 것이다[104]. 현재는 주주 제안권을 통하여 사외이사를 소액주주 및 기관투자가가 추천할 수 있으며, 최근에는 많은 기관투자가들이 주주제안을 통하든 아니면 의견개진에 의하든 적극적으로 사외이사 후보에 대한 찬·반의 의견을 회사 측에 표하고 있다. 다만, 주주총회의 행사시기와 관련하여 주주제안권을 행사하기 위해서는 주주총회 6주전에 서면을 제출하여야 하는데(증권거래법시행령 제84조의21 제2항), 정기주주총회 시에는 총회시기가 예상되기 때문에 6주전에 서면 제출이 가능하지만, 임시주주총회 시에는 통상 2주전에 개최 및 의안을 통지하기 때문에 소액주주 및 기관투자가는 주주제안권에 의한 사외이사를 추천할 수 있도록 하기 위해서는 6주 전에 서면제출하는 요건을 완화해야 할 것이다[105].

다만, 회사의 경영이 주주의 이익만을 위한 것이 아니고, 지배주주, 소액주주, 노동자, 채권자 및 공익을 위한 것이므로 이해관계인이 사외이사를 추천할 수 있는 제도적 장치를 마련하는 것이 필요하고, 소액주주 등이 사외이사 후보를 추천하지 않으면, 근로자 대표가 사외이사후보를 추천할 수 있는 권한을 부여하는 것이 타당하다는 주장에 대해서는 다방면에 걸친 의견 수렴이 필요할 것으로 생각된다.

(2) 최고경영자에 대한 유인제공

독립성과 전문성을 갖춘 사외이사가 선임되기 위해서는 무엇보다도 최고경영자나 지배주주가 이러한 사외이사를 선임할 유인을 갖고

---

104) 안택식, "기업경쟁력 강화를 위한 사외이사제도의 개선방안", 상사법연구 제21권 제2호, 한국상사법학회, 2002
105) 염미경, "사외이사의 효율적 활용방안－사외이사의 독립성 확보를 위한 기관투자자의 역할을 중심으로", 상사법연구 제23권 제1호, 한국상사법학회, 2004.

있어야 한다. 자본시장도 최고경영자에게 독립성과 전문성을 갖춘 사외이사를 선임할 유인을 제공할 수 있다. 자본시장으로부터 회사가 좋은 평가를 받는 것을 중요하게 생각하는 최고경영자는 자기를 감시할 능력과 유인을 갖는 사외이사를 자발적으로 선임하려고 할 것이다. 이런 회사의 경영진은 사외이사의 제안과 비판도 잘 수용하려고 할 것이다. 그렇게 하지 않으면 자본시장으로부터 부정적인 평가를 받게 되기 때문이다. 이러한 맥락에서 보면 최고경영자에 대한 스톡옵션과 같은 주식연계 보상도 최고경영자가 독립성과 전문성을 보유한 사외이사를 선임하게 하는 유인이 될 수 있다.

(3) 명성 있는 사외이사의 선임과 주식연계 보상의 제공

사회이사의 명성과 주식연계 보상은 사외이사의 독립성을 제고하기 위한 강력한 유인이 될 수 있다. 명성이 있는 사외이사는 자기의 명성을 유지하기 위해 최선을 다해 이사회 활동을 할 유인을 보유하고 스톡옵션과 같은 주식연계 보상은 사외이사와 주주의 이해관계를 어느 정도 일치시킬 수 있다.

2) 사외이사의 전문성 강화

사외이사의 전문성은 사외이사로서 업무를 수행할 수 있는 능력과 업무의 효율성이 전제가 되어야 한다. 사외이사로서의 업무능력에는 전문적인 지식과 그 업무에 대한 경험이 있어야 하므로 이러한 자를 사외이사의 자격요건으로 함과 동시에 또한 이러한 자를 다수 발굴하고 배출할 수 있는 제도적 장치가 마련되어야 할 것이다.

주권상장법인 또는 협회등록법인의 이사는 이사회의 결의로써 회사의 비용으로 전문가의 조력을 구할 수 있으므로(증권거래법 제191

조의16 5항) 사외이사도 회사의 비용으로 전문가의 조력을 구할 수는 있으나 이것은 어디까지나 예외적이고 부득이한 경우에 부분적으로 인정될 수 있는 것이므로 사외이사는 필요한 경우에 전문가의 조력을 구할 수 있다고 하더라도 업무에 대한 전문적인 지식과 경험을 가지고 한다.

따라서 사외이사의 전문성을 확보하기 위해서 사외이사 경력이 오래되거나 전문경영인 경력이 있는 사람을 사외이사로 선임하는 것도 바람직하다고 할 수 있다. 영국과 미국 주요 기업들을 보면 사외이사들의 상당수가 다른 기업들의 전 현직 최고경영자 혹은 이사회의 장임을 알 수 있다. 이러한 사실은 사외이사의 독립성을 떨어뜨리는 것으로 보일 수 있지만 사외이사 선임에서 전문성을 중요시한다는 것을 시사하고 있다. 사외이사 제도가 정착된 미국이나 영국의 기업들이 사외이사 선임에서 전문성을 우선적으로 고려하고 독립성은 기본적으로 사외이사의 명성과 주식연계 보상으로 해결하려는 것으로 해석할 수 있다.

한 두 명의 외국인 사외이사 선임도 사외이사 중심 이사회의 전문성을 제고하는데 도움이 될 수 있다. 우리보다 사외이사 제도가 활성화된 외국에서 사외이사 경력이 있는 외국인 전문가는 사외이사의 역할을 충실히 이행하고 있기 때문에 다른 사외이사들에게도 좋은 영향을 줄 수 있다.

우리나라 주요 기업들이 대부분 오랫동안 재벌체제로 발전되어 왔기 때문에 진정한 의미에서 전문경영자들이 제대로 육성되지 못했고, 전문경영자 시장도 잘 발달하지 못했다. 사외이사제도가 제대로 정착되기 위해서는 전문적인 사외이사 시장이 발달해야하고 이를 위해서는 전문경영자 시장을 발전시키는 것이 필요하다.

3) 이사협회와 이사등록부의 활용

2004년 전경련의 조사에서 사외이사 선임의 어려움으로 적격후보자의 물색이 곤란하다는 의견이 42.9%로 가장 높게 나타났다.[106] 우수한 사외이사를 확보하는 것이 기성의 회사나 신규사업을 기반으로 성장과정에 있는 회사 모두에게 매우 중요한 일이다. 공개회사의 경우 뿐 아니라 공개작업을 수행중인 회사에 있어서 능력 있는 사외이사의 선임은 발행시장에서의 잠재적인 주식 인수인들에게 당해 회사의 경영능력과 전망을 과시할 수 있는 보증수표로서의 기능을 수행하게 된다. 주주들은 그들을 대표하여 감시기능을 수행할 수 있는 사외이사를 물색하고, 사외이사들은 그들의 경험과 경력을 바탕으로 회사의 업무에 대하여 조언자로서의 역할을 하게 된다. 신생회사의 경우에는 유능하고 경험있는 사외이사를 영입함으로써 자본형성 시기에 젊은 기업가들의 능력과 경륜을 소홀히 보는 외부의 금융기관들에게 신뢰를 줄 수 있는 교두보를 확보할 수 있다. 또한 경륜이 있는 사외이사들은 회사의 설립 초기에는 젊은 기업가들에게 조언자로서 역할을 수행할 수 있다.

이사등록부는 회사 측에게는 적합한 사외이사를 물색하는데 도움을 주고 사외이사로서의 역할을 수행하려는 자들에 대한 데이터베이스를 제공한다. 투자자나 주주들을 위하여 업무를 잘 수행할 수 있는 유능한 사외이사를 찾는 것은 어려운 일이다. 이러한 상황 하에서 이사등록부는 당해 회사에 적합한 사외이사를 찾는데 도움을 줄 수 있고 회사는 이를 통하여 적합하다고 판단되는 후보자에 대하여 그 적격 여부를 검토할 수 있다. 또한 이사등록부는 사외이사의 자

---

106) 최준선, "기업지배구조개선의 실태분석", 기업법연구 제19권 제2호, 한국기업법학회, 2005

질을 판단하는데 참작할 수 있는 자료, 즉 사외이사의 능력과 그 직을 수행할 의사를 확인하여 준다. 이사등록부에 기재되는 것을 받아들이는 것은 자동적으로 사외이사 후보자가 되는 것을 의미하고, 회사는 이사등록부에 기재된 이사후보자의 경력, 배경과 자격 증명서를 통하여 사외이사의 직을 수행할 수 있는 적격 여부를 검토하여 이사후보자를 선택할 수 있다. 따라서 이사등록부를 활용하면 사외이사의 물색을 아주 간단히 할 수 있다. 회사는 단순히 등록부에 있는 이사후보자를 검토함으로써 관심이 있는 이사의 수와 정보를 기록할 수 있고 회사가 기입한 정보는 회사가 선택한 각 이사에게 전달된다. 이사 후보자들은 그 회사를 검토하고 그들이 관심이 있는지를 결정하고 그들의 이름과 이메일 주소를 보내게 된다. 그 후에 회사와 그 이사 후보자는 사외이사 선임을 위한 절차를 계속 진행하게 된다.

4) 사외이사의 비중확대

사외이사가 이사회에서 경영진을 견제하고 감독할 수 있도록 하기 위해서는 이사회의 의사결정과정에 실질적인 영향력을 행사할 수 있을 정도로 모든 주권상장법인 및 코스닥상장법인에 대하여 사외이사의 수와 그 선임비율을 확대하도록 권장하는 것이 바람직할 것이다.[107]

이와 관련하여, 기업지배구조개선지원센터는 2003년 「기업지배구조 모범규준」의 개정을 통해서, 이사회에는 경영진과 지배주주로부터 독립적으로 기능을 수행할 수 있는 사외이사를 두어야 하며, 그 수는 최소한 2인으로 함으로써 이사회가 실질적으로 독립성을 유지

---

107) 정동윤, 회사법, 법문사, 2000, 401쪽.

할 수 있는 규모이어야 한다고 밝히고 있다.

대부분의 주권상장법인과 코스닥상장법인은 사외이사를 이사총수의 4분의 1만을 선임하도록 하고 있다.(증권거래법 제191의16 제1항 단서, 동법시행령 제84조의 23 제2항) 따라서 다수결에 의하여 의사결정을 하는 이사회에서 사외이사의 수가 사내이사의 수보다 현저히 적은 상황에서는 사외이사의 감독기능의 실효성을 거두기 어렵다. 특히 사외이사의 감독기능을 강화하기 위해서는 사외이사가 사내이사에 비해 다수여야 상호공조를 통한 의사관철이 가능할 것이다.[108] 그러므로 사외이사가 이사회의 의사결정과정에 실질적인 감시를 하고 이사회에서 경영진을 견제하고 감독할 수 있도록 하기 위해서는 상장법인에 대하여 사외이사의 비중을 확대하도록 권장하는 것이 바람직할 것이다. 미국의 ALL 원칙도 공개회사의 경우 이사회의 과반수를 사외이사로 선임해야 한다고 규정하고 있다.

5) 이사의 책임제한

사외이사는 사내이사와 비교하면 비상근이어서 이사회에 참석하여 토론하고 결의할 뿐, 직접업무를 집행하지도 않으며, 보수면에서도 상당한 차이가 있음에도 불구하고 사외이사는 그 법적 책임에서 사내이사와 동일하다. 감사위원회의 위원인 사외이사는 이사로서의 책임이외에 감사위원으로서의 책임도 부담하므로 사외이사가 오히려 사내이사보다 과중한 책임을 져야 한다. 이처럼 그 권한에 비하여 책임이 더 무겁다는 것은 논리적인 모순이며, 이것은 유능한 인재를 사외이사로 확보하기 어렵게 하는 요인이 될 수 있다. 또한 상법 제

---

108) 정쾌영, "사외이사제도의 문제점과 개선방향", 기업법연구, 제20권 제2호, 한국기업법학회, 2005.

400조에서 이사의 회사에 대한 책임을 총주주의 동의가 있는 경우에 한하여 면제할 수 있도록 규정하고 있으나, 사실상 책임을 면제해주기는 현실적으로 어려운 일이다. 사외이사의 권한과 보수 등에 합당한 책임을 부여하고 유능한 인재를 사외이사로 확보하기 위해서는 이사의 책임에 관한 현행규정을 개선할 필요가 있다.

미국의 경우 많은 규정과 주법에서 이사의 책임제한 규정을 두고 있다. 특히 MBCA 제 2.02조(b)(4)조에서 사외이사가 의도적으로 또는 무모하게 또는 중대한 과실에 의하여 주의의무를 위반한 경우를 제외하고 정관에 의하서 손해배상책임을 면제할 수 있도록 하고 있다. 일본에서는 신회사법 제425조 제1항에서 대표이사(대표집행임원)은 회사로부터 직무집행의 대가로 받거나 또는 받아야할 재산상의 이익의 1년분에 해당하는 금액에 상당한 금액으로서 법무성령에서 정하는 방법으로 산정된 금액에 6배, 대표이사 이외의 이사 또는 대표집행임원 이외의 집행임원은 4배, 사외이사 · 회계참여 · 감사역 또는 회계감사인은 2배를 곱하여 얻은 금액을 초과하는 손해배상액에 대하여는 주주총회의 결의로 그 책임을 면제할 수 있도록 규정하고 있다. 이사의 책임을 면제할 수 있도록 할 뿐만 아니라 사외이사의 책임을 대표이사나 사내이사에 비하여 책임을 훨씬 경감할 수 있도록 하고 있다.

상법개정안에 의하면, 유능한 경영자를 영입하고 보다 적극적으로 경영을 할 수 있도록 하기 위하여 이사의 회사에 대한 책임을 정관에 의하여 경감할 수 있도록 하고 있다. 즉 회사는 정관의 규정으로 제399조의 규정에 의한 이사의 책임(이사의 회사에 대한 책임)을 이사의 최근 1년간 보수액(상여금 및 주식매수선택권의 행사로 인한 이익 등을 포함)의 6배를 초과하는 금액에 대하여 면제할 수 있는데, 다만 이사가 고의로 또는 중대한 과실로 손해를 발생시킨 경우에는 그렇지 않다(상법개정안 제400조 제2항). 우리나라 상법개정안은 일본보다는 미국의 MBCA의 규정 내용과 유사하게 규정하고 있다. 이는 정관의 규정을 통하여 개별회사의 실정에 맞도록 책임 경·감내용을 조정할 수 있도록 배려한 것이라고 생각된다. 각 기업의 자체 사정에 맞도록 모든 이사의 책임을 동일한 기준으로 경감할 수 있고, 일본 회사법의 예처럼 각 기관에 따라 책임을 차등화 할 수 있다. 따라서 사외이사의 활성화를 위한 책임완화라는 측면에서는 상당히 도움이 될 것이며, 사외이사제도를 활성화하려는 기업은 사외이사에게 상당한 책임경감을 정관을 통해 사외이사를 통한 이사회의 기능을 강화할 수 있을 것이고, 유능하고 사회적으로 저명한 인사를 사외이사로 영입하여 사외이사의 독립성을 제고하는데 기여할 것이라고 생각된다.

6) 경영판단의 원칙 도입

경영판단의 원칙(business judgment rule)은 이사회에서의 경영상의 결정에 적용되는 기본적인 원리를 압축적으로 표현한 것이다. 합리적인 정보와 이성에 근거하여 이사회가 의사결정을 하면, 비록 그 결정으로 인하여 후에 기업에 치명적인 결과를 야기한다 할지라도, 이사에게 책임을 물을 수 는 없다는 것이다.

이사에게 경영판단의 원칙을 적용하기 위해서는 경영상의 결정이 있어야 하고, 개인적인 이해관계가 없으며 합리적인 정보에 의하여 선의로 내린 결정이어야 하고, 재량권의 남용 등 위법행위가 없어야 한다.

이사의 주의의무와 관련하여 법원은 이사의 의사결정상의 단순한 실수에 대하여 책임을 제한할 필요가 있음을 인정하게 되었다. 그리하여 미국 회사법은 이사의 책임을 제한할 목적으로 경영판단의 원칙을 인정하고 발전시켜 왔는데, 이 원칙은 일정한 요건이 구비될 경우 법원은 이사의 경영상 판단을 존중하여 이사의 경영상 판단의 당위성에 관하여 사법적 심사를 하지 않는다는 것이다. 경영 판단의 원칙은 미국 회사법상 회사의 지배구조와 관련된 가장 중요한 문제 중 하나로서 기업 경영의 효율과 이사의 책임간에 균형을 유지하는 기능을 하고 있다. 그러나 경영판단의 원칙이 적용된다고 하여도 이사가 회사와 상충되는 관계에 있거나 자기거래에 해당할 경우에는 보호되지 아니한다. 즉 개인적인 이익을 위한 것이 아닌 사업에 대한 의사결정으로 인하여 야기된 경영부실이나 의사결정상의 실수에 대하여 적용된다.

미국에서 경영판단의 원칙과 관련하여 사외이사의 독립성과 가장 밀접한 관련이 있는 부분은 대표소송 분야이다. 경영진에 대하여 대표소송이 제기되면, 회사는 특별소송위원회를 구성하여 대표소송에 대하여 심사를 하고 이에 대한 결과를 법원에 제출하여 권고를 하게 되는데, 이에 대하여 법원은 경영판단의 원칙을 근거로 큰 하자가 없는 한, 특별소송위원회의 의견을 수용하여 왔다. 이 과정에서 가장 중요한 부분이 위원회의 구성원이 대표소송의 대상이거나 이들과 관련이 있는 경영진으로부터 독립성을 유지하고 있는 가인데, 이에 대하여 Delaware법원은 최근의 판례에서 독립성의 기준을 강화하였다. 이는 Enron 사태 이후 Sarbanes-Oxley법을 제정하고 집행임원에 대한 형평법원의 재판관할권을 인정하는 등 기업경영의 투명성 제고를 위한 조치의 일환으로 보고 있기도 하다. 이와 같이 대표소송에서 경영판단의 원칙을 적용함에 있어서 가장 중요한 부문이 위원회를 구성하는 사외이사의 독립성이며, 만약 대표소송의 각하 결정이 내려졌을 때 원고는 사외이사의 독립성에 문제가 있으면 이를 다룰 수 있다.

따라서 우리나라에서 경영판단의 원칙이 도입된다면, 사외이사의 독립성에 많은 기여를 할 것이라고 생각된다. 이사의 책임이 경영판단의 원칙을 통하여 완화될 수 있다면, 이사 특히 사외이사들은 경영판단의 원칙의 요건을 준수하기 위해 노력할 것이고, 사외이사의 독립성 요건을 미국의 사례에서처럼 경영판단의 원칙의 요건에 반영한다면, 사외이사를 포함한 경영진은 사외이사의 독립성을 강화하기 위해 노력할 것이다.

7) 집중투표제의 실시

경제정의실천시민연합 등 시민단체는 사외이사제도가 제 기능을 발휘하여 경영에 대한 견제와 감시기능을 수행하기 위해서는 「상법」 개정을 통해 집중투표제의 실시가 의무화되어야 한다고 한다.[109]

이러한 주장의 근거로는, ⅰ) 단순투표제에 의하여 이사를 선임하는 경우에는 자본다수결의 원칙상 이사들은 지배주주의 일방적인 의사에 따라 선임되므로, 대주주가 자신의 지분보다 더 많은 영향력을 행사하고, 소수주주가 자신의 지분만큼 목소리를 낼 수 없게 된다는 점,[110] ⅱ) 기업의 경영에 투자자, 채권자, 종업원 등 이해당사자의 이익이 반영될 수 있기 위해서는 집중투표제에 의해 대주주로부터 독립한 이사의 선임이 가능해야 한다는 점 등을 들고 있다.

이에 대하여 재계는 다음과 같은 이유에서 집중투표제의 의무화를

---

109) 경제정의실천시민연합, "6대 그룹 지배구조 개요에 관한 조사연구(사외이사를 중심으로)" 보도자료, 2003.9.2.
110) 오수근, "집중투표제", 인권과 정의 제270호(대한변호사협회), 1999.2, 72쪽.

반대하는 입장을 밝히고 있다.[111] ⅰ) 집중투표제에 의하여 선임된 이사들은 회사 전체 차원의 이익보다는 자신을 선임해준 주주들의 이익을 앞세움으로써 이사회의 내부에 당파적 대립이 생길 우려가 있으며, ⅱ) 이 경우 각 파의 의견조정 및 타협을 위하여 장시간이 소요되고, ⅲ) 이사회의 운영의 기동성·효율성을 상실하게 될 것이라는 것이다.

집중투표제를 강행 규정화 할 경우 이사선임에 있어서 소수주주의 의결권 및 발언권이 강화됨에 따라 지배주주에 의한 독단적 경영의 폐해를 막고 기업경영의 투명성을 제고하는 데 분명한 효과가 있을 것이다. 그러나 집중투표제에 따라 주식회사의 기관을 구성하도록 의무화하는 것은 기업의 자기결정권을 지나치게 제약하는 측면이 없지 않다.[112]

따라서 보다 면밀한 검토가 필요하나, 우선은 증권선물거래소의 유가증권시장상장규정 등을 통하여 이를 권장하는 것이 바람직할 것이다. 즉 동 규정 등을 통하여 집중투표제를 실시하는 기업에 대하여는 사외이사 선임이 공정하고 투명하게 이루어진 것으로 인정하여 관련 보고 및 공시의무사항을 면제하도록 하는 등 각종 인센티브를 부여하는 방안 등이 그것이다.

8) 사외이사의 직무수행 여건의 개선

(1) 유관기관에 의한 사외이사의 육성, 관리 및 교육

사외이사가 경험과 지식, 능력을 충분히 발휘하여 이사회에서 본

---

111) 전국경제인연합회, "기업지배구조 개선방안의 제문제", 2000. 10.
112) 이형규, "기업지배구조개혁의 미해결과제", 『상사법연구』 제20권 제2호 (2001), p. 200.

연의 역할을 다할 수 있도록 하기 위해서는 적절한 교육이 필요하다. 즉 업무전반에 대한 이해를 증진시키고 회사의 운영시스템을 숙지하려면 훈련이 필요하다. 영국의 통합규범 제5조는 모든 이사들은 이사회 참석에 대한 안내를 받아야 하며 정기적으로 그들의 능력과 지식을 개선하고 새롭게 하여야 한다고 규정하고 있다.(The UK's combined Code(2003)§ 5) 그 구성원이 적절한 위치에 있도록 하는 것은 이사회 의장의 책임이며, 그 구성원의 능력을 개발하고 교육하는 것에 대한 지원의 회사의 책임이다. 이러한 교육과 개발은 개개 이사의 임무를 충실하게 수행할 수 있는 밑바탕이 된다. 이 때문에 전 세계적으로 회사지배구조에 관한 규범이나 규준에서는 이사의 능력과 교육의 필요성에 대하여 강조하고 있는 것이다. 이사들은 무엇보다도 특정 회사의 이사에게 요구되는 개인적인 자질과 능력을 갖추어야 하며, 이사회에 공헌할 수 있도록 계속적인 개발과 훈련을 통하여 능력을 신장시켜야 한다. 사외이사의 전문성을 확보하기 위해서 사외이사 또는 그 후보자를 대상으로 회사의 업무전반에 대한 교육을 실시할 수 있는 내규가 입안되어야 할 것이다.

(2) 업무집행기능과 감독기능의 분리

우리나라 이사회제도는 대표이사가 회사의 업무를 집행하고, 이사회가 경영진의 업무집행을 감독하는 구조로 되어 있다. 업무담당이사와 사용인겸무이사가 대표이사의 지휘 하에 업무를 집행하는 상하의 계층을 이루고 있으며, 지배주주나 최고경영자 등의 경영진이 이사회를 지배하고 독점적으로 운영하고 있다. 이러한 상황에서 경영의 투명성과 건전성을 확보하고 이사회의 감독기능을 강화하기 위해 상법과 증권거래법에서 사외이사 제도와 감사위원회 제도를 도입하였지만, 사외이사나 감사위원회가 여전히 경영진으로부터 독립적으로 그 업무를 집행하지 못하는 것이 현실이다. 따라서 우리나라에서도 이사회가 경영진의 업무집행을 실질적으로 감독할 수 있기 위해서는, 이사회의 업무집행기능과 감독기능을 분리하여야 한다.[113]

업무집행과 감독기능을 분리하는 방안은 미국의 집행임원제도를 도입하는 방안과 독일의 이사회·감사회의 이원적 구조를 도입하는 방안을 생각해 볼 수 있는데, 이미 미국의 이사회제도를 바탕으로 사외이사제도와 감사위원회제도를 도입하였으므로 미국의 집행임원제도를 도입하는 방안이 더욱 바람직하다.

2006년 7월 4일 공청회에서 발표된 회사법 개정시안에서는 제408조의2에서 집행임원제도를 도입하고 있으나, 집행임원제도의 도입여부에 대해서는 임의사항으로 하고, 집행임원제도를 도입한 회사는 대표이사를 두지 못하도록 하고 있다.(상법 개정시안 제408조의2 제1항) 집행임원을 설치한 회사의 이사회는 집행임원을 선임·해임하고 집행임원의 업무집행을 감독하게 된다.(상법 개정시안 제408조의2 제3항)[114] 따라서 집행임원을 설치한 회사의 경우 업무집행과 그에 대한 감독의 기능은 분리된다. 집행임원의 설치여부를 임의 사항으로 함으로써 기업들은 굳이 집행임원제도를 도입하여 법적 책임을 증가시키기 보다는 기존의 비등기이사제도를 이용해왔던 관행을 유지하려고 할 것이기 때문에 집행임원제도를 도입한 실효성이 떨어질 것이다. 따라서 집행임원에 관한 현재의 개정시안의 문제가 있으므로 적어도 사외이사의 설치가 의무적인 상장법인에 대해서는 집행임원제도의 도입을 의무화하여야 할 것이다.

---

113) 차대운·정쾌영, "집행위원제도의 도입 필요성과 입법론적 과제", 상장협춘계호 제49호, 한국상장회사협의회, 2004.

114) 법무부 법무심의관실, 회사법 개정시안 주요내용, 2006년 7월 4일 공청회 자료

9) 내부통제시스템의 구축

기업의 내부통제시스템이란 기업의 재무보고가 원활히 이루어지고 준법·사업·운영상의 효율성이 적절하게 확보되도록 자체적인 시스템을 설치하고 관리하는 것을 말한다.[115] 내부통제시스템은 회사 내부의 업무프로세스를 정비하고 업무의 수행과정에서 발생할 수 있는 제반 정보의 흐름을 원활하게 하여 회사에 손해가 발생할 수 있는 여러 가지 위험으로부터 회사를 차단할 수 있는 효과적인 모니터 기능을 하게 된다.

사외이사의 경우 비상근 이사로서 이사회 결의에 참여하여 회사업무에 대한 감독기능을 수행하는데, 만일 내부통제시스템이 보강될 경우 이사들이 회사의 업무와 임·직원들의 행위에 대하여 보다 많은 정보를 획득할 수 있게 되어 위법행위에 대해 알았거나 알 수 있을 가능성이 높아진다. 즉 내부통제시스템을 활용하게 되면 사외이사의 주의의무 위반여부에 대한 감독기능을 강화하여 감독의 실효성을 증가시킬 수 있다. 또한 사외이사로서는 내부통제시스템을 설치하여 잘 운영한 결과만 입증하면 주의의무를 다한 것으로 인정되므로 주의의무 위반에 대한 입증을 용이하도록 하는 효과도 있다.[116]

따라서 사외이사의 감독기능을 실제화하고 감시의무 실패에 따른 책임을 분명히 하고, 책임을 완화하기 위해 기업에 있어 내부통제시스템의 설치를 의무화하여야 한다. 이를 활성화하는 방안으로서 ① 증권거래법을 개정하는 방안, ② 시장 감독당국이 내부통제시스템의 활용을 권고하고, 그에 따라 일정한 행정상의 이익 혹은 불이익을 부과하는 방안, ③ 법원의 판결에 의하여 내부통제시스템을 잘 운용

---

115) 김화진, 「이사회」, 박영사, 2006.
116) 김화진, 「이사회」, 박영사, 2006.

한 경우 그 책임을 완화시켜 주는 방안 등이 있을 수 있다.[117]

---

117) 김화진, 「이사회」, 박영사, 2006.

<부 표>

〈부표 33〉 실증분석대상은행

	은행명	국가명	순위
1	Citigroup	USA	1
2	Bank of America Group	USA	3
3	JP Morgan Chase et Co	USA	4
4	Credit Agricole Groupe	FRANCE	6
5	Royal Bank of Scotland	UK	7
6	UniCredit	ITALY	13
7	Barclays Bank	UK	14
8	ABN AMRO Bank	NEDTHERLAND	15
9	UBS	SWITZERLAND	18
10	Wells Fargo et Co	USA	19
11	Wachovia Corporation	USA	21
12	Deutsche Bank	GERMAMY	23
13	BNP Paribas	FRANCE	24
14	Societe Generale	FRANCE	26
15	Credit Suisse Group	SWITZERLAND	28
16	Lloyds TSB Group	UK	29
17	Washington Mutual	USA	30
18	Fortis Bank	BELGIUM	33
19	National Australia Bank	AUSTRALIA	35
20	Royal Bank of Canada	CANADA	37
21	U.S. Bancorp	USA	39
22	Commerzbank	GERMAMY	40
23	Dexia	BELGIUM	41
24	Nordea Group	SWEDEN	43
25	KBC Group	BELGIUM	45
26	Countrywide Financial Corporation	USA	47
27	Bank of Montreal	CANADA	49

	은행명	국가명	순위
28	KOOKMIN	KOREA	51
29	Toronto-Dominion Bank	CANADA	54
30	Suntrust Bank	USA	55
31	Danske Bank	DENMARK	56
32	Commonwealth Bank Group	AUSTRALIA	57
33	Capital One Financial Corporation	USA	59
34	Standard Chartered	UK	61
35	Westpac Banking Corporation	AUSTRALIA	63
36	Allied Irish Banks	IRELAND	66
37	Canadian Imperial Bank of Commerce	CANADA	67
38	Fifth Third Bankcorp	USA	70
39	Shinkin Gentral Bank	JAPAN	73
40	Eurohypo	GERMAMY	75
41	DnB NOR Group	NORWAY	76
42	Sumitomo Trust et Banking	JAPAN	77
43	KeyCorp	USA	79
44	Bank of Ireland	IRELAND	81
45	BB et T Corp	USA	83
46	Svenska Handelsbanken	SWEDEN	84
47	Woori bank	KOREA	87
48	Shinhan Financial group	KOREA	88
49	Banca Monte dei Paschi di Siena	ITALY	89
50	Banco Popular Espanoi	SPAIN	91
51	Bank of New York	USA	95
52	PNC Financial Service Group	USA	98
53	Hana Financial group	KOREA	102
54	Erste Bank	AUSTRIA	105
55	Regions Financial Corp	USA	108
56	State Street Corp	USA	114
57	Comerica	USA	116
58	Bank of Yokohama	JAPAN	123
59	Shizuoka Bank	JAPAN	125

	은행명	국가명	순위
60	Korea Exchange Bank	KOREA	131
61	Industrial Bank of Korea	KOREA	133
62	Hudson City Bancorp	USA	135
63	Anglo Irish Bank Corporation	IRELAND	137
64	Sovereign Bancorp	USA	138
65	Alliance et Leicester	UK	145
66	Franklin Resources	USA	149
67	Chiba Bank	JAPAN	155
68	Northern Rock	UK	158
69	Alpha Bank	Greece	160
70	Joyo Bank	JAPAN	164
71	Northern Trust Corporation	USA	166
72	Mellon Financial Corp	USA	172
73	Hachijuni Bank	JAPAN	175
74	Zions Bancoporation	USA	179
75	Chugoku Bank	JAPAN	181
76	Banco Espirito Santo Group	Portugal	182
77	Huntington Bancshares	USA	184
78	Banca Popolare Italiana (Gruppo Bipielle)	Italy	185
79	Synovus Financial Corp	USA	186
80	Chinatrust Financial Holding	JAPAN	191
81	Macquarie Bank	AUSTRALIA	193
82	First Horizon National Corp	USA	199

〈부표 36〉 2004년 효율성 추정결과

firm	crste	vrste	scale	
1	0.622	0.996	0.624	drs
2	0.456	0.626	0.729	drs
3	0.685	0.838	0.818	drs
4	0.661	0.696	0.949	drs
5	0.201	0.402	0.501	drs
6	0.287	0.294	0.976	drs
7	0.439	0.557	0.787	drs
8	0.365	0.691	0.528	drs
9	1	1	1	–
10	0.405	0.549	0.737	drs
11	0.465	0.576	0.806	drs
12	1	1	1	–
13	0.628	0.661	0.949	drs
14	0.498	0.53	0.94	drs
15	1	1	1	–
16	0.112	0.21	0.533	drs
17	0.307	0.354	0.866	drs
18	0.571	0.642	0.89	drs
19	1	1	1	–
20	0.965	0.983	0.983	drs
21	0.32	0.338	0.947	drs
22	0.767	0.791	0.969	drs
23	0.375	0.387	0.968	drs
24	1	1	1	–
25	0.383	0.413	0.926	drs
26	1	1	1	–
27	0.604	0.648	0.932	drs
28	1	1	1	–
29	1	1	1	–
30	0.378	0.408	0.925	drs

firm	crste	vrste	scale	
31	0.427	0.428	0.999	–
32	0.406	0.574	0.707	drs
33	1	1	1	–
34	0.33	0.338	0.976	drs
35	0.333	0.411	0.81	drs
36	0.237	0.239	0.99	irs
37	0.728	0.79	0.922	drs
38	0.324	0.341	0.949	drs
39	1	1	1	–
40	1	1	1	–
41	0.328	0.37	0.887	drs
42	0.354	0.355	0.995	irs
43	0.329	0.357	0.924	drs
44	0.168	0.168	0.997	irs
45	0.361	0.362	0.999	–
46	0.845	1	0.845	drs
47	1	1	1	–
48	1	1	1	–
49	0.325	0.341	0.952	drs
50	0.155	0.162	0.957	drs
51	1	1	1	–
52	0.354	0.395	0.897	drs
53	1	1	1	–
54	0.351	0.353	0.994	drs
55	0.283	0.283	0.999	–
56	0.72	0.725	0.992	drs
57	0.715	1	0.715	irs
58	0.765	0.778	0.984	irs
59	0.86	0.94	0.914	drs
60	1	1	1	–
61	0.467	0.476	0.98	drs

firm	crste	vrste	scale	
62	1	1	1	–
63	0.341	0.719	0.474	irs
64	0.41	0.459	0.893	drs
65	0.268	0.268	0.999	–
66	1	1	1	–
67	1	1	1	–
68	0.303	0.325	0.933	drs
69	0.318	0.326	0.973	irs
70	0.93	0.975	0.954	drs
71	0.727	0.727	1	–
72	0.779	0.823	0.947	irs
73	1	1	1	–
74	0.274	0.282	0.974	irs
75	1	1	1	–
76	0.372	0.395	0.94	drs
77	0.241	0.25	0.967	irs
78	0.309	0.312	0.992	irs
79	0.158	0.169	0.936	irs
80	0.178	0.253	0.703	irs
81	1	1	1	–
82	0.326	0.337	0.97	irs
평균	0.593	0.639	0.919	
표준편차	0.306472	0.300796	0.125774	
최댓값	1	1	1	
최솟값	0.112	0.162	0.474	

〈부표 3〉 2005년 효율성 추정 결과

firm	crste	vrste	scale	
1	0.506	0.872	0.58	drs
2	0.38	0.53	0.716	drs
3	0.553	0.723	0.766	drs
4	1	1	1	-
5	0.731	1	0.731	drs
6	0.367	0.795	0.461	drs
7	0.995	1	0.995	drs
8	0.433	0.65	0.666	drs
9	1	1	1	-
10	0.231	0.48	0.481	drs
11	0.345	0.43	0.804	drs
12	1	1	1	-
13	1	1	1	-
14	0.814	0.856	0.95	drs
15	0.939	0.958	0.981	drs
16	0.235	0.271	0.865	drs
17	0.226	0.4	0.565	drs
18	0.575	0.579	0.994	drs
19	0.517	0.753	0.686	drs
20	0.924	1	0.924	drs
21	0.186	0.267	0.698	drs
22	0.663	0.735	0.903	drs
23	0.853	1	0.853	drs
24	1	1	1	-
25	0.453	0.476	0.95	drs
26	0.904	1	0.904	drs
27	0.589	0.663	0.889	drs
28	1	1	1	-
29	0.851	1	0.851	drs
30	0.299	0.379	0.788	drs

firm	crste	vrste	scale	
31	0.558	0.583	0.957	drs
32	0.224	0.334	0.669	drs
33	0.822	1	0.822	drs
34	1	1	1	–
35	0.203	0.273	0.742	drs
36	0.222	0.252	0.882	drs
37	0.601	0.738	0.814	drs
38	0.221	0.27	0.82	drs
39	1	1	1	–
40	1	1	1	–
41	0.395	0.403	0.981	drs
42	0.381	0.386	0.988	irs
43	0.173	0.221	0.781	drs
44	0.18	0.182	0.991	drs
45	0.241	0.337	0.716	drs
46	0.728	1	0.728	drs
47	1	1	1	–
48	0.535	0.538	0.995	drs
49	0.505	0.548	0.922	drs
50	0.185	0.189	0.981	drs
51	1	1	1	–
52	0.258	0.335	0.77	drs
53	1	1	1	–
54	0.274	0.314	0.875	drs
55	0.188	0.257	0.731	drs
56	0.554	0.587	0.944	drs
57	0.421	1	0.421	irs
58	0.66	0.688	0.959	drs
59	0.853	0.88	0.97	drs
60	0.706	0.733	0.962	drs
61	0.43	0.435	0.989	drs
62	1	1	1	–

firm	crste	vrste	scale	
63	0.277	0.305	0.908	irs
64	0.213	0.229	0.927	drs
65	0.263	0.263	1	–
66	1	1	1	–
67	0.914	0.971	0.942	drs
68	1	1	1	–
69	0.2	0.201	0.997	drs
70	0.816	0.822	0.993	irs
71	0.697	0.765	0.911	drs
72	0.926	0.985	0.94	irs
73	1	1	1	–
74	0.219	0.247	0.887	drs
75	1	1	1	–
76	0.356	0.365	0.974	drs
77	0.206	0.217	0.954	drs
78	0.33	0.331	0.996	drs
79	0.112	0.117	0.961	drs
80	0.146	0.146	0.999	–
81	1	1	1	–
82	0.206	0.244	0.845	drs
평균	0.585	0.653	0.886	
표준편차	0.318227	0.31691	0.140915	
최댓값	1	1	1	
최솟값	0.112	0.117	0.421	

〈부표 4〉 2006년 효율성 측정결과

firm	crste	vrste	scale	
1	0.589	0.97	0.607	drs
2	0.31	0.565	0.548	drs
3	0.541	0.778	0.696	drs
4	0.86	1	0.86	drs
5	0.376	1	0.376	drs
6	0.361	0.847	0.426	drs
7	0.956	0.964	0.992	drs
8	0.371	0.685	0.542	drs
9	1	1	1	–
10	0.221	0.562	0.394	drs
11	0.254	0.624	0.407	drs
12	0.995	1	0.995	drs
13	0.938	1	0.938	drs
14	0.797	0.95	0.839	drs
15	0.915	0.94	0.974	drs
16	0.271	0.31	0.876	drs
17	0.199	0.342	0.583	drs
18	0.499	0.513	0.972	drs
19	0.417	0.798	0.523	drs
20	0.705	0.825	0.854	drs
21	0.161	0.239	0.677	drs
22	0.737	1	0.737	drs
23	0.704	0.746	0.944	drs
24	1	1	1	–
25	0.401	0.485	0.827	drs
26	0.663	0.936	0.708	drs
27	0.379	0.468	0.81	drs
28	1	1	1	–
29	0.454	0.658	0.69	drs
30	0.215	0.247	0.87	drs

firm	crste	vrste	scale	
31	0.572	0.608	0.941	drs
32	0.259	0.459	0.563	drs
33	0.731	0.878	0.833	drs
34	0.292	0.377	0.774	drs
35	0.298	0.333	0.893	drs
36	0.218	0.236	0.924	drs
37	0.366	0.457	0.801	drs
38	0.16	0.165	0.966	drs
39	1	1	1	–
40	1	1	1	–
41	0.397	0.43	0.923	drs
42	0.329	0.333	0.99	drs
43	0.151	0.17	0.887	drs
44	0.385	0.446	0.863	drs
45	0.187	0.21	0.892	drs
46	0.904	1	0.904	drs
47	1	1	1	–
48	0.495	0.81	0.612	drs
49	0.283	0.332	0.852	drs
50	0.112	0.13	0.866	drs
51	0.592	0.593	0.999	irs
52	0.346	0.369	0.937	drs
53	1	1	1	–
54	0.217	0.308	0.704	drs
55	0.175	0.192	0.91	drs
56	0.563	0.669	0.842	drs
57	0.127	0.13	0.979	irs
58	1	1	1	–
59	0.312	0.323	0.967	irs
60	0.345	0.454	0.759	irs
61	0.477	0.477	0.999	–
62	1	1	1	–

firm	crste	vrste	scale	
63	0.607	1	0.607	irs
64	0.209	0.228	0.916	drs
65	0.429	0.435	0.986	drs
66	1	1	1	–
67	0.303	0.309	0.982	irs
68	1	1	1	–
69	0.184	0.198	0.932	drs
70	0.361	0.39	0.925	irs
71	0.433	0.433	1	–
72	0.615	0.618	0.995	irs
73	0.308	1	0.308	irs
74	0.13	0.13	0.998	–
75	0.441	1	0.441	irs
76	0.263	0.273	0.962	drs
77	0.161	0.178	0.909	irs
78	0.245	0.245	1	–
79	0.111	0.111	0.993	irs
80	0.232	1	0.232	irs
81	1	1	1	–
82	0.208	0.21	0.995	drs
평균	0.498	0.611	0.834	
표준편차	0.299709	0.320137	0.195928	
최댓값	1	1	1	
최솟값	0.111	0.111	0.232	

〈부표 5〉 Malmquist Index 추정결과(year = 2)

firm	effch	techch	pech	sech	tfpch
1	0.813	1.196	0.875	0.929	0.973
2	0.833	1.209	0.848	0.983	1.007
3	0.808	1.274	0.862	0.937	1.029
4	1.514	1.246	1.437	1.054	1.887
5	3.63	1.147	2.486	1.46	4.164
6	1.276	1.302	2.702	0.472	1.661
7	2.267	1.095	1.794	1.264	2.483
8	1.187	1.157	0.941	1.262	1.373
9	1	1.076	1	1	1.076
10	0.571	1.949	0.875	0.653	1.114
11	0.743	1.298	0.746	0.997	0.964
12	1	1.092	1	1	1.092
13	1.593	1.223	1.512	1.054	1.948
14	1.633	1.246	1.615	1.011	2.034
15	0.939	1.131	0.958	0.981	1.062
16	2.099	1.212	1.294	1.622	2.545
17	0.736	1.414	1.128	0.652	1.04
18	1.007	1.075	0.901	1.117	1.082
19	0.517	1.594	0.753	0.686	0.824
20	0.958	1.357	1.018	0.941	1.299
21	0.581	1.662	0.789	0.737	0.966
22	0.865	1.102	0.929	0.931	0.953
23	2.273	1.073	2.581	0.881	2.44
24	1	0.653	1	1	0.653
25	1.183	1.204	1.152	1.027	1.424
26	0.904	0.969	1	0.904	0.876
27	0.976	1.241	1.024	0.953	1.212
28	1	0.876	1	1	0.876
29	0.851	1.096	1	0.851	0.932
30	0.792	1.372	0.93	0.852	1.086

firm	effch	techch	pech	sech	tfpch
31	1.307	1.078	1.364	0.958	1.409
32	0.552	1.745	0.583	0.947	0.962
33	0.822	1.267	1	0.822	1.041
34	3.033	1.5	2.961	1.024	4.55
35	0.609	2.036	0.665	0.916	1.24
36	0.938	1.198	1.052	0.892	1.124
37	0.824	1.237	0.934	0.883	1.02
38	0.684	1.278	0.791	0.864	0.874
39	1	1.011	1	1	1.011
40	1	1.017	1	1	1.017
41	1.206	1.356	1.09	1.107	1.635
42	1.077	1.119	1.086	0.993	1.205
43	0.524	1.79	0.62	0.845	0.938
44	1.076	1.075	1.082	0.995	1.157
45	0.668	1.546	0.932	0.717	1.033
46	0.862	1.114	1	0.862	0.96
47	1	1.052	1	1	1.052
48	0.535	1.863	0.538	0.995	0.997
49	1.556	1.211	1.607	0.968	1.884
50	1.193	1.535	1.165	1.025	1.832
51	1	1.036	1	1	1.036
52	0.728	1.288	0.847	0.859	0.937
53	1	1.045	1	1	1.045
54	0.782	1.235	0.888	0.88	0.965
55	0.663	1.532	0.906	0.732	1.016
56	0.769	1.313	0.809	0.951	1.01
57	0.589	1.243	1	0.589	0.732
58	0.862	0.984	0.884	0.975	0.848
59	0.993	0.969	0.936	1.061	0.962
60	0.706	1.133	0.733	0.962	0.799
61	0.921	1.314	0.913	1.009	1.21
62	1	1.357	1	1	1.357

firm	effch	techch	pech	sech	tfpch
63	0.814	1.157	0.424	1.917	0.941
64	0.518	1.618	0.499	1.038	0.839
65	0.984	1.056	0.983	1	1.039
66	1	0.65	1	1	0.65
67	0.914	0.801	0.971	0.942	0.732
68	3.3	2.439	3.08	1.071	8.048
69	0.629	1.611	0.615	1.024	1.014
70	0.877	0.952	0.843	1.041	0.835
71	0.959	1.276	1.052	0.911	1.224
72	1.188	1.164	1.197	0.992	1.383
73	1	1.039	1	1	1.039
74	0.799	1.344	0.877	0.911	1.073
75	1	0.864	1	1	0.864
76	0.957	1.523	0.924	1.036	1.458
77	0.856	1.319	0.868	0.986	1.129
78	1.066	1.177	1.062	1.004	1.254
79	0.712	1.328	0.694	1.027	0.946
80	0.819	1.588	0.576	1.422	1.3
81	1	1.539	1	1	1.539
82	0.63	1.639	0.724	0.871	1.033
mean	0.958	1.238	0.997	0.961	1.187

〈부표 6〉 Malmquist Index (year = 3)

firm	effch	techch	pech	sech	tfpch
1	1.165	1.064	1.113	1.047	1.239
2	0.815	1.051	1.066	0.765	0.857
3	0.978	1.073	1.077	0.908	1.05
4	0.86	1.072	1	0.86	0.922
5	0.515	1.346	1	0.515	0.692
6	0.985	1.138	1.065	0.925	1.12
7	0.961	1.144	0.964	0.997	1.1
8	0.857	1.083	1.053	0.813	0.928
9	1	1.066	1	1	1.066
10	0.957	1.08	1.17	0.818	1.034
11	0.735	1.194	1.451	0.507	0.878
12	0.995	1.058	1	0.995	1.053
13	0.938	0.869	1	0.938	0.815
14	0.98	0.932	1.109	0.883	0.913
15	0.975	0.992	0.981	0.993	0.966
16	1.155	0.918	1.141	1.012	1.06
17	0.883	1.273	0.855	1.032	1.123
18	0.868	1.046	0.887	0.978	0.907
19	0.807	1.433	1.059	0.762	1.156
20	0.763	1.293	0.825	0.924	0.986
21	0.867	1.09	0.894	0.969	0.945
22	1.112	1.108	1.361	0.817	1.232
23	0.826	1.059	0.746	1.107	0.874
24	1	0.959	1	1	0.959
25	0.887	1.079	1.018	0.871	0.957
26	0.733	1.15	0.936	0.783	0.843
27	0.643	1.439	0.706	0.911	0.926
28	1	1.015	1	1	1.015
29	0.534	1.827	0.658	0.811	0.975
30	0.719	1.269	0.65	1.105	0.912

firm	effch	techch	pech	sech	tfpch
31	1.024	1.086	1.042	0.983	1.112
32	1.155	1.058	1.374	0.841	1.222
33	0.89	1.016	0.878	1.014	0.905
34	0.292	1.384	0.377	0.774	0.404
35	1.469	1.031	1.22	1.203	1.514
36	0.983	1.092	0.938	1.048	1.073
37	0.61	1.418	0.62	0.985	0.865
38	0.722	1.286	0.613	1.177	0.928
39	1	4.193	1	1	4.193
40	1	1.005	1	1	1.005
41	1.003	1.145	1.067	0.941	1.149
42	0.864	1.221	0.862	1.002	1.055
43	0.876	1.165	0.771	1.136	1.021
44	2.133	1.1	2.448	0.871	2.346
45	0.775	1.141	0.622	1.246	0.884
46	1.241	1.124	1	1.241	1.395
47	1	1.067	1	1	1.067
48	0.925	1.123	1.505	0.615	1.039
49	0.56	1.115	0.606	0.925	0.625
50	0.607	1.247	0.687	0.883	0.756
51	0.592	1.613	0.593	0.999	0.955
52	1.343	1.056	1.104	1.217	1.418
53	1	1.079	1	1	1.079
54	0.791	1.089	0.982	0.805	0.861
55	0.931	1.1	0.748	1.244	1.024
56	1.017	0.99	1.14	0.892	1.007
57	0.302	2.31	0.13	2.326	0.697
58	1.515	7.742	1.454	1.042	11.732
59	0.365	2.68	0.367	0.997	0.979
60	0.489	2.103	0.62	0.789	1.028
61	1.109	1.244	1.098	1.011	1.379
62	1	0.99	1	1	0.99

firm	effch	techch	pech	sech	tfpch
63	2.188	1.086	3.276	0.668	2.377
64	0.983	1.18	0.995	0.988	1.159
65	1.629	1.197	1.651	0.987	1.95
66	1	1.083	1	1	1.083
67	0.331	3.289	0.318	1.042	1.09
68	1	1.026	1	1	1.026
69	0.921	1.133	0.985	0.936	1.044
70	0.442	2.734	0.475	0.932	1.209
71	0.622	1.376	0.567	1.097	0.855
72	0.664	1.263	0.628	1.058	0.839
73	0.308	3.361	1	0.308	1.035
74	0.595	1.229	0.528	1.126	0.731
75	0.441	2.935	1	0.441	1.294
76	0.74	1.202	0.749	0.988	0.889
77	0.782	1.273	0.821	0.953	0.995
78	0.745	1.153	0.742	1.004	0.859
79	0.984	1.072	0.952	1.034	1.055
80	1.594	0.804	6.865	0.232	1.282
81	1	0.984	1	1	0.984
82	1.013	0.9	0.86	1.178	0.912
mean	0.843	1.265	0.915	0.921	1.066

〈부표 7〉 효율성과 사외이사비율(2004)

	은행명	효율성	효율성 순위	사외이사 비율	사외이사 비율순위
1	Citigroup	0.996	25	0.00521	62
2	Bank of America Group	0.626	42	0.047619	21
3	JP Morgan Chase et Co	0.838	29	0.066667	15
5	Royal Bank of Scotland	0.402	54	0.00817	53
6	UniCredit	0.294	72	0.020147	34
8	ABN AMRO Bank	0.691	38	0.011659	44
9	UBS	1	1	0.026129	31
10	Wells Fargo et Co	0.549	46	0.052632	19
11	Wachovia Corporation	0.576	43	0.111111	9
13	BNP Paribas	0.661	39	0.03744	25
14	Societe Generale	0.53	47	0.00892	50
16	Lloyds TSB Group	0.21	79	0.05	20
17	Washington Mutual	0.354	62	0.03388	25
18	Fortis Bank	0.642	41	0.047619	21
19	National Australia Bank	1	1	0.021941	34
21	U.S. Bancorp	0.338	66	0.007113	53
22	Commerzbank	0.791	31	0.016865	37
24	Nordea Group	1	1	0.00555	60
25	KBC Group	0.413	51	0.009766	47
26	Countrywide Financial Corporation	1	1	0.00521	62
27	Bank of Montreal	0.648	40	0.076923	13
28	KOOKMIN	1	1	0.03512	25
29	Toronto - Dominion Bank	1	1	0.014825	40
33	Capital One Financial Corporation	1	1	0.04619	21
34	Standard Chartered	0.338	67	0.009327	49
35	Westpac Banking Corporation	0.411	52	0.0625	16
36	Allied Irish Banks	0.239	78	0.004921	63
37	Canadian Imperial Bank of Commerce	0.79	32	0.0376	25
38	Fifth Third Bankcorp	0.341	64	0.033	25
39	Shinkin Gentral Bank	1	1	0.008113	53
40	Eurohypo	1	1	0.008365	52

	은행명	효율성	효율성 순위	사외이사 비율	사외이사 비율순위
41	DnB NOR Group	0.37	58	0.00908	50
42	Sumitomo Trust et Banking	0.355	61	0.5	2
43	KeyCorp	0.357	60	0.01307	43
44	Bank of Ireland	0.168	81	0.1	10
45	BB et T Corp	0.362	59	0.166667	6
46	Svenska Handelsbanken	1	1	0.013452	42
47	Woori bank	1	1	0.017784	37
48	Shinhan Financial group	1	1	0.125	8
50	Banco Popular Espanoi	0.162	82	0.25	4
52	PNC Financial Service Group	0.395	55	0.083333	12
54	Erste Bank	0.353	63	0.006962	53
56	State Street Corp	0.725	35	0.005897	58
58	Bank of Yokohama	0.778	33	0.1	10
60	Korea Exchange Bank	1	1	0.5	2
61	Industrial Bank of Korea	0.476	48	0.0106	45
62	Hudson City Bancorp	1	1	0.005443	61
63	Anglo Irish Bank Corporation	0.719	36	0.0625	16
64	Sovereign Bancorp	0.459	49	0.0152	40
65	Alliance et Leicester	0.268	75	0.009957	47
66	Franklin Resources	1	1	1	1
68	Northern Rock	0.325	70	0.018583	36
69	Alpha Bank	0.326	69	0.076923	13
71	Northern Trust Corporation	0.727	34	0.010778	45
72	Mellon Financial Corp	0.823	30	0.038	25
73	Hachijuni Bank	1	1	0.0625	16
74	Zions Bancoporation	0.282	74	0.025742	31
75	Chugoku Bank	1	1	0.005644	59
76	Banco Espirito Santo Group	0.395	56	0.015846	39
78	Banca Popolare Italiana(Gruppo Bipielle)	0.312	71	0.007358	53
79	Synovus Financial Corp	0.169	80	0.142857	7
80	Chinatrust Financial Holding	0.253	76	0.25	4
81	Macquarie Bank	1	1	0.023576	33
82	First Horizon National Corp	0.337	68	0.040167	24

〈부표 8〉 효율성과 사외이사비율(2005)

	은행명	효율성	효율성 순위	사외이사 비율	사외이사 비율순위
1	Citigroup	0.872	32	0.04619	21
2	Bank of America Group	0.386	57	0.047619	21
3	JP Morgan Chase et Co	1	1	0.066667	15
5	Royal Bank of Scotland	0.314	64	0.00817	53
6	UniCredit	0.985	28	0.020147	34
8	ABN AMRO Bank	0.27	68	0.011659	44
9	UBS	0.872	32	0.026129	31
10	Wells Fargo et Co	1	1	0.052632	19
11	Wachovia Corporation	0.221	76	0.111111	9
13	BNP Paribas	1	1	0.03744	25
14	Societe Generale	1	1	0.00892	50
16	Lloyds TSB Group	0.117	82	0.05	20
17	Washington Mutual	1	1	0.03388	25
18	Fortis Bank	0.403	55	0.047619	21
19	National Australia Bank	1	1	0.021941	34
21	U.S. Bancorp	1	1	0.007113	53
22	Commerzbank	0.583	46	0.016865	37
24	Nordea Group	1	1	0.00555	60
25	KBC Group	1	1	0.009766	47
26	Countrywide Financial Corporation	0.795	35	0.00521	62
27	Bank of Montreal	1	1	0.076923	13
28	KOOKMIN	1	1	0.03512	25
29	Toronto-Dominion Bank	0.65	44	0.014825	40
33	Capital One Financial Corporation	1	1	0.04619	21
34	Standard Chartered	0.971	29	0.009327	49
35	Westpac Banking Corporation	0.335	61	0.0625	16
36	Allied Irish Banks	0.331	63	0.004921	63
37	Canadian Imperial Bank of Commerce	0.334	62	0.0376	25
38	Fifth Third Bankcorp	0.229	75	0.033	25
39	Shinkin Gentral Bank	0.48	51	0.008113	53
40	Eurohypo	0.43	54	0.008365	52

	은행명	효율성	효율성 순위	사외이사 비율	사외이사 비율순위
41	DnB NOR Group	0.688	42	0.00908	50
42	Sumitomo Trust et Banking	0.435	53	0.5	2
43	KeyCorp	0.733	40	0.01307	43
44	Bank of Ireland	1	1	0.1	10
45	BB et T Corp	0.88	31	0.166667	6
46	Svenska Handelsbanken	1	1	0.013452	42
47	Woori bank	1	1	0.017784	37
48	Shinhan Financial group	0.856	33	0.125	8
50	Banco Popular Espanoi	0.244	74	0.25	4
52	PNC Financial Service Group	0.257	71	0.083333	12
54	Erste Bank	0.305	65	0.006962	53
56	State Street Corp	0.273	66	0.005897	58
58	Bank of Yokohama	1	1	0.1	10
60	Korea Exchange Bank	0.579	47	0.5	2
61	Industrial Bank of Korea	0.538	49	0.0106	45
62	Hudson City Bancorp	0.753	37	0.005443	61
63	Anglo Irish Bank Corporation	0.252	72	0.0625	16
64	Sovereign Bancorp	0.548	48	0.0152	40
65	Alliance et Leicester	1	1	0.009957	47
66	Franklin Resources	1	1	1	1
68	Northern Rock	0.822	34	0.018583	36
69	Alpha Bank	0.201	78	0.076923	13
71	Northern Trust Corporation	1	1	0.010778	45
72	Mellon Financial Corp	0.379	58	0.038	25
73	Hachijuni Bank	0.735	39	0.0625	16
74	Zions Bancoporation	0.247	73	0.025742	31
75	Chugoku Bank	1	1	0.005644	59
76	Banco Espirito Santo Group	0.587	45	0.015846	39
78	Banca Popolare Italiana(Gruppo Bipielle)	0.765	36	0.007358	53
79	Synovus Financial Corp	0.146	81	0.142857	7
80	Chinatrust Financial Holding	0.365	59	0.25	4
81	Macquarie Bank	1	1	0.023576	33
82	First Horizon National Corp	1	1	0.040167	24

〈부표 9〉 효율성과 사외이사비율(2006)

	은행명	효율성	효율성 순위	사외이사 비율	사외이사 비율순위
1	Citigroup	0.97	23	0.047619	21
2	Bank of America Group	0.13	80	0.047619	21
3	JP Morgan Chase et Co	1	1	0.066667	15
5	Royal Bank of Scotland	0.228	71	0.00817	53
6	UniCredit	1	1	0.020147	34
8	ABN AMRO Bank	1	1	0.011659	44
9	UBS	0.459	48	0.026129	31
10	Wells Fargo et Co	0.342	58	0.052632	19
11	Wachovia Corporation	0.273	66	0.111111	9
13	BNP Paribas	0.94	26	0.03744	25
14	Societe Generale	0.513	44	0.00892	50
16	Lloyds TSB Group	0.21	73	0.05	20
17	Washington Mutual	1	1	0.03388	25
18	Fortis Bank	0.192	75	0.047619	21
19	National Australia Bank	0.97	23	0.021941	34
21	U.S. Bancorp	0.746	34	0.007113	53
22	Commerzbank	1	1	0.016865	37
24	Nordea Group	0.565	42	0.00555	60
25	KBC Group	0.798	32	0.009766	47
26	Countrywide Financial Corporation	0.333	59	0.00521	62
27	Bank of Montreal	0.31	63	0.076923	13
28	KOOKMIN	0.778	33	0.03512	25
29	Toronto－Dominion Bank	0.446	51	0.014825	40
33	Capital One Financial Corporation	1	1	0.04619	21
34	Standard Chartered	0.658	37	0.009327	49
35	Westpac Banking Corporation	0.477	46	0.0625	16
36	Allied Irish Banks	1	1	0.004921	63
37	Canadian Imperial Bank of Commerce	1	1	0.0376	25
38	Fifth Third Bankcorp	1	1	0.033	25
39	Shinkin Gentral Bank	0.593	41	0.008113	53
40	Eurohypo	0.308	65	0.008365	52

	은행명	효율성	효율성 순위	사외이사 비율	사외이사 비율순위
41	DnB NOR Group	0.333	60	0.00908	50
42	Sumitomo Trust et Banking	1	1	0.5	2
43	KeyCorp	1	1	0.01307	43
44	Bank of Ireland	0.468	47	0.1	10
45	BB et T Corp	0.608	40	0.166667	6
46	Svenska Handelsbanken	1	1	0.013452	42
47	Woori bank	0.847	29	0.017784	37
48	Shinhan Financial group	0.878	28	0.125	8
50	Banco Popular Espanoi	0.13	81	0.25	4
52	PNC Financial Service Group	0.433	53	0.083333	12
54	Erste Bank	0.435	52	0.006962	53
56	State Street Corp	1	1	0.005897	58
58	Bank of Yokohama	1	1	0.1	10
60	Korea Exchange Bank	1	1	0.5	2
61	Industrial Bank of Korea	0.332	61	0.0106	45
62	Hudson City Bancorp	0.457	49	0.005443	61
63	Anglo Irish Bank Corporation	0.618	39	0.0625	16
64	Sovereign Bancorp	0.81	31	0.0152	40
65	Alliance et Leicester	0.936	27	0.009957	47
66	Franklin Resources	0.964	24	1	1
68	Northern Rock	0.377	56	0.018583	36
69	Alpha Bank	0.245	68	0.076923	13
71	Northern Trust Corporation	0.95	25	0.010778	45
72	Mellon Financial Corp	1	1	0.038	25
73	Hachijuni Bank	1	1	0.0625	16
74	Zions Bancoporation	1	1	0.025742	31
75	Chugoku Bank	0.685	35	0.005644	59
76	Banco Espirito Santo Group	0.21	72	0.015846	39
78	Banca Popolare Italiana(Gruppo Bipielle)	0.236	70	0.007358	53
79	Synovus Financial Corp	1	1	0.142857	7
80	Chinatrust Financial Holding	0.323	62	0.25	4
81	Macquarie Bank	1	1	0.023576	33
82	First Horizon National Corp	1	1	0.040167	24

〈부표 10〉 Tier1, Malmquist Index, 사외이사비율순위 비교

Tier1 순위	Bank	Year2	Year3	사외이사비율
1	Citigroup	48	61	21
2	Bank of America Group	45	66	42
3	JP Morgan Chase et Co	34	56	33
4	Credit Agricole Groupe	36	57	15
5	Royal Bank of Scotland	53	17	10
6	UniCredit	29	38	25
7	Barclays Bank	60	36	24
8	ABN AMRO Bank	51	51	34
9	UBS	63	60	16
10	Wells Fargo et Co	3	53	43
11	Wachovia Corporation	30	30	37
12	Deutsche Bank	61	63	2
13	BNP Paribas	42	81	2
14	Societe Generale	37	78	25
15	Credit Suisse Group	55	73	25
16	Lloyds TSB Group	43	79	63
17	Washington Mutual	19	20	58
18	Fortis Bank	64	67	44
19	National Australia Bank	11	13	31
20	Royal Bank of Canada	21	18	25
21	U.S. Bancorp	7	47	
22	Commerzbank	58	43	7
23	Dexia	66	62	34
24	Nordea Group	81	77	1
25	KBC Group	46	54	45
26	Countrywide Financial Corporation	75	34	25
27	Bank of Montreal	39	12	47
28	KOOKMIN	78	71	8
29	Toronto-Dominion Bank	59	10	37
30	Suntrust Bank	20	22	
31	Danske Bank	62	49	40
32	Commonwealth Bank Group	6	64	47

Tier1 순위	Bank	Year2	Year3	사외이사비율
33	Capital One Financial Corporation	35	70	25
34	Standard Chartered	18	15	53
35	Westpac Banking Corporation	2	68	59
36	Allied Irish Banks	47	46	
37	Canadian Imperial Bank of Commerce	40	14	49
38	Fifth Third Bankcorp	32	19	
39	Shinkin Gentral Bank	73	2	16
40	Eurohypo	72	72	6
41	DnB NOR Group	23	35	53
42	Sumitomo Trust et Banking	56	27	60
43	KeyCorp	5	32	
44	Bank of Ireland	65	44	50
45	BB et T Corp	13	37	
46	Svenska Handelsbanken	57	40	16
47	Woori bank	68	59	10
48	Shinhan Financial group	4	41	31
49	Banca Monte dei Paschi di Siena	44	42	61
50	Banco Popular Espanoi	15	24	
51	Bank of New York	71	11	40
52	PNC Financial Service Group	31	65	53
53	Hana Financial group	69	55	12
54	Erste Bank	41	48	
55	Regions Financial Corp	16	45	
56	State Street Corp	28	74	36
57	Comerica	38	8	
58	Bank of Yokohama	74	1	19
59	Shizuoka Bank	76	7	62
60	Korea Exchange Bank	54	9	50
61	Industrial Bank of Korea	27	25	45
62	Hudson City Bancorp	22	75	4
63	Anglo Irish Bank Corporation	52	50	13
64	Sovereign Bancorp	9	31	
65	Alliance et Leicester	67	29	52

Tier1 순위	Bank	Year2	Year3	사외이사비율
66	Franklin Resources	82	52	9
67	Chiba Bank	80	4	
68	Northern Rock	1	69	13
69	Alpha Bank	10	39	
70	Joyo Bank	77	6	53
71	Northern Trust Corporation	33	16	53
72	Mellon Financial Corp	50	23	39
73	Hachijuni Bank	70	3	20
74	Zions Bancoporation	24	26	
75	Chugoku Bank	79	5	21
76	Banco Espirito Santo Group	17	28	
77	Huntington Bancshares	26	21	
78	Banca Popolare Italiana(Gruppo Bipielle)	49	33	
79	Synovus Financial Corp	25	58	
80	Chinatrust Financial Holding	12	82	21
81	Macquarie Bank	14	76	4
82	First Horizon National Corp	8	80	

<부표 11>

사외이사 비율순위	name	사외이사 비율	실질이윤 성장률	실질이윤 성장률 순위
1	Nordea Group	0.956522	17.4	31
2	Deutsche Bank	0.944444	48.8	8
2	BNP Paribas	0.944444	9.1	56
4	Hudson City Bancorp	0.941176	11.9	45
4	Macquarie Bank	0.941176	na	
6	Eurohypo	0.9375	1	67
7	Commerzbank	0.933333	99	5
8	KOOKMIN	0.928571	255.7	1
9	Franklin Resources	0.923077	38.4	14
10	Royal Bank of Scotland	0.923077	11.6	49
10	Woori bank	0.923077	0.1	68
12	Hana Financial group	0.916667	17.3	32
13	Anglo Irish Bank Corporation	0.9	32.7	16
13	Northern Rock	0.9	11.5	51
15	Credit Agricole Groupe	0.894737	12.6	44
16	UBS	0.888889	20.9	20
16	Shinkin Gentral Bank	0.888889	29.3	18
16	Svenska Handelsbanken	0.888889	19.4	26
19	Bank of Yokohama	0.884615	20.2	22
20	Hachijuni Bank	0.882353	13.8	40
21	Citigroup	0.875	17.7	28
21	Chugoku Bank	0.875	− 13.6	77
21	Chinatrust Financial Holding	0.875	116.9	4
24	Barclays Bank	0.866667	11.6	50
25	UniCredit	0.857143	19.6	25
25	Societe Generale	0.857143	30.3	17
25	Credit Suisse Group	0.857143	10.1	54
25	Royal Bank of Canada	0.857143	8.9	57
25	Countrywide Financial Corporation	0.857143	11.7	48
25	Capital One Financial Corporation	0.857143	15.9	36
31	National Australia Bank	0.846154	na	

사외이사 비율순위	name	사외이사 비율	실질이윤 성장율	실질이윤 성장률 순위
31	Shinhan Financial group	0.846154	46.8	11
33	JP Morgan Chase et Co	0.846154	89.9	7
34	ABN AMRO Bank	0.833333	2.6	66
34	Dexia	0.833333	18.9	27
36	State Street Corp	0.818182	16.2	33
37	Wachovia Corporation	0.8	19.9	24
37	Toronto－Dominion Bank	0.8	−6.6	74
39	Mellon Financial Corp	0.785714	13.1	43
40	Danske Bank	0.777778	20	23
40	Bank of New York	0.777778	4	62
42	Bank of America Group	0.769231	14.7	38
43	Wells Fargo et Co	0.727273	3.7	63
44	Fortis Bank	0.724138	16.2	34
45	KBC Group	0.692308	35.4	15
45	Industrial Bank of Korea	0.692308	95.6	6
47	Bank of Montreal	0.666667	−4.7	72
47	Commonwealth Bank Group	0.076923	43.2	12
49	Canadian Imperial Bank of Commerce	0.647059	−69.8	79
50	Bank of Ireland	0.642857	11.3	52
50	Korea Exchange Bank	0.642857	204.9	2
52	Alliance et Leicester	0.636364	−12.5	76
53	Standard Chartered	0.081967	20.8	21
53	DnB NOR Group	0.625	−64	78
53	PNC Financial Service Group	0.080645	9.6	55
53	Joyo Bank	0.625	13.6	42
53	Northern Trust Corporation	0.625	13.8	39
58	Washington Mutual	0.615385	13.6	41
59	Westpac Banking Corporation	0.571429	na	
60	Sumitomo Trust et Banking	0.545455	8.7	58
61	Banca Monte dei Paschi di Siena	0.466667	47.2	10
62	Shizuoka Bank	0.416667	−7	75
63	Lloyds TSB Group	0.307692	6.4	60

〈부표 12〉

사외이사 비율순위	name	사외이사 비율	평균자본에 대한 성과	평균자본에대 한 성과 순위
1	Nordea Group	0.956522	27.7	34
2	Deutsche Bank	0.944444	30.1	29
2	BNP Paribas	0.944444	35.5	16
4	Hudson City Bancorp	0.941176	16.3	72
4	Macquarie Bank	0.941176	39.9	6
6	Eurohypo	0.9375	10.1	78
7	Commerzbank	0.933333	14.8	74
8	KOOKMIN	0.928571	32.9	20
9	Franklin Resources	0.923077	41.5	5
10	Royal Bank of Scotland	0.923077	31.2	26
10	Woori bank	0.923077	25	49
12	Hana Financial group	0.916667	23.8	56
13	Anglo Irish Bank Corporation	0.9	23.8	56
13	Northern Rock	0.9	24.4	51
15	Credit Agricole Groupe	0.894737	17.9	70
16	UBS	0.888889	36.8	10
16	Shinkin Gentral Bank	0.888889	8.1	81
16	Svenska Handelsbanken	0.888889	28.9	32
19	Bank of Yokohama	0.884615	19.5	66
20	Hachijuni Bank	0.882353	15.4	73
21	Citigroup	0.875	38.3	8
21	Chugoku Bank	0.875	8.3	80
21	Chinatrust Financial Holding	0.875	25.6	45
24	Barclays Bank	0.866667	29.7	31
25	UniCredit	0.857143	20	65
25	Societe Generale	0.857143	35.7	15
25	Credit Suisse Group	0.857143	36.3	13
25	Royal Bank of Canada	0.857143	26.7	40
25	Countrywide Financial Corporation	0.857143	36.4	12
25	Capital One Financial Corporation	0.857143	31.2	25
31	National Australia Bank	0.846154	29.8	30

사외이사 비율순위	name	사외이사 비율	평균자본에 대한 성과	평균자본에대 한 성과 순위
31	Shinhan Financial group	0.846154	32.4	23
33	JP Morgan Chase et Co	0.846154	17.3	71
34	ABN AMRO Bank	0.833333	24.1	53
34	Dexia	0.833333	23.5	59
36	State Street Corp	0.818182	26.7	40
37	Wachovia Corporation	0.8	33.1	19
37	Toronto-Dominion Bank	0.8	23.8	56
39	Mellon Financial Corp	0.785714	48.2	2
40	Danske Bank	0.777778	27	38
40	Bank of New York	0.777778	37.2	9
42	Bank of America Group	0.769231	36.4	11
43	Wells Fargo et Co	0.727273	39.2	7
44	Fortis Bank	0.724138	21.2	62
45	KBC Group	0.692308	32.3	24
45	Industrial Bank of Korea	0.692308	27	38
47	Bank of Montreal	0.666667	23.9	55
47	Commonwealth Bank Group	0.076923	42.2	4
49	Canadian Imperial Bank of Commerce	0.647059	8.4	79
50	Bank of Ireland	0.642857	25.9	44
50	Korea Exchange Bank	0.642857	48.9	1
52	Alliance et Leicester	0.636364	25.6	45
53	Standard Chartered	0.081967	30.3	27
53	DnB NOR Group	0.625	7.3	82
53	PNC Financial Service Group	0.080645	32.5	22
53	Joyo Bank	0.625	12.9	76
53	Northern Trust Corporation	0.625	26.6	42
58	Washington Mutual	0.615385	30.2	28
59	Westpac Banking Corporation	0.571429	35.9	14
60	Sumitomo Trust et Banking	0.545455	19.3	67
61	Banca Monte dei Paschi di Siena	0.466667	18.2	69
62	Shizuoka Bank	0.416667	10.5	77
63	Lloyds TSB Group	0.307692	32.9	21

〈부표 13〉

사외이사 비율순위	Name	사외이사 비율	ROA	ROA 순위
1	Nordea Group	0.956522	0.94	52
2	Deutsche Bank	0.944444	0.62	70
2	BNP Paribas	0.944444	0.67	66
4	Hudson City Bancorp	0.941176	1.58	29
4	Macquarie Bank	0.941176	1.21	43
6	Eurohypo	0.9375	0.27	81
7	Commerzbank	0.933333	0.38	78
8	KOOKMIN	0.928571	1.78	20
9	Franklin Resources	0.923077	15.97	2
10	Royal Bank of Scotland	0.923077	1.02	47
10	Woori bank	0.923077	1.27	38
12	Hana Financial group	0.916667	1.3	36
13	Anglo Irish Bank Corporation	0.9	1.42	33
13	Northern Rock	0.9	0.6	72
15	Credit Agricole Groupe	0.894737	0.75	61
16	UBS	0.888889	0.63	69
16	Shinkin Gentral Bank	0.888889	0.25	82
16	Svenska Handelsbanken	0.888889	0.99	50
19	Bank of Yokohama	0.884615	0.96	51
20	Hachijuni Bank	0.882353	0.8	57
21	Citigroup	0.875	1.97	15
21	Chugoku Bank	0.875	0.46	77
21	Chinatrust Financial Holding	0.875	1.4	34
24	Barclays Bank	0.866667	0.57	73
25	UniCredit	0.857143	0.52	75
25	Societe Generale	0.857143	0.79	59
25	Credit Suisse Group	0.857143	0.69	65
25	Royal Bank of Canada	0.857143	1.02	47
25	Countrywide Financial Corporation	0.857143	2.38	10
25	Capital One Financial Corporation	0.857143	3.19	4
31	National Australia Bank	0.846154	1.67	26

사외이사 비율순위	Name	사외이사 비율	ROA	ROA순위
31	Shinhan Financial group	0.846154	1.25	39
33	JP Morgan Chase et Co	0.846154	1.02	47
34	ABN AMRO Bank	0.833333	0.65	68
34	Dexia	0.833333	0.53	74
36	State Street Corp	0.818182	1.46	31
37	Wachovia Corporation	0.8	1.82	17
37	Toronto-Dominion Bank	0.8	0.85	55
39	Mellon Financial Corp	0.785714	3.47	3
40	Danske Bank	0.777778	0.73	62
40	Bank of New York	0.777778	2.33	11
42	Bank of America Group	0.769231	1.95	16
43	Wells Fargo et Co	0.727273	2.4	8
44	Fortis Bank	0.724138	0.5	76
45	KBC Group	0.692308	1.03	46
45	Industrial Bank of Korea	0.692308	1.22	42
47	Bank of Montreal	0.666667	1.12	45
47	Commonwealth Bank Group	0.076923	1.81	19
49	Canadian Imperial Bank of Commerce	0.647059	0.34	79
50	Bank of Ireland	0.642857	1.13	44
50	Korea Exchange Bank	0.642857	2.52	7
52	Alliance et Leicester	0.636364	0.93	53
53	Standard Chartered	0.081967	1.25	39
53	DnB NOR Group	0.625	0.33	80
53	PNC Financial Service Group	0.080645	2.15	13
53	Joyo Bank	0.625	0.62	70
53	Northern Trust Corporation	0.625	1.66	27
58	Washington Mutual	0.615385	1.58	29
59	Westpac Banking Corporation	0.571429	1.63	28
60	Sumitomo Trust et Banking	0.545455	0.85	55
61	Banca Monte dei Paschi di Siena	0.466667	0.71	63
62	Shizuoka Bank	0.416667	0.67	66
63	Lloyds TSB Group	0.307692	1.23	41

<부표 14>

사외이사 비율순위	Name	사외이사 비율	자본 / 자산 비율	자본 / 자산 비율 순위
1	Nordea Group	0.956522	3.51	65
2	Deutsche Bank	0.944444	2.21	78
2	BNP Paribas	0.944444	1.69	82
4	Hudson City Bancorp	0.941176	14.71	3
4	Macquarie Bank	0.941176	3.39	67
6	Eurohypo	0.9375	2.82	72
7	Commerzbank	0.933333	2.73	73
8	KOOKMIN	0.928571	6.4	26
9	Franklin Resources	0.923077	41.6	2
10	Royal Bank of Scotland	0.923077	3.63	63
10	Woori bank	0.923077	5.6	36
12	Hana Financial group	0.916667	6.5	24
13	Anglo Irish Bank Corporation	0.9	7.04	14
13	Northern Rock	0.9	2.46	75
15	Credit Agricole Groupe	0.894737	4.39	55
16	UBS	0.888889	1.94	81
16	Shinkin Gentral Bank	0.888889	3.17	69
16	Svenska Handelsbanken	0.888889	3.7	60
19	Bank of Yokohama	0.884615	5.11	41
20	Hachijuni Bank	0.882353	5.42	39
21	Citigroup	0.875	5.32	40
21	Chugoku Bank	0.875	5.65	34
21	Chinatrust Financial Holding	0.875	5.81	31
24	Barclays Bank	0.866667	2.04	79
25	UniCredit	0.857143	3.67	61
25	Societe Generale	0.857143	2.27	77
25	Credit Suisse Group	0.857143	1.97	80
25	Royal Bank of Canada	0.857143	4.09	56
25	Countrywide Financial Corporation	0.857143	7.18	13
25	Capital One Financial Corporation	0.857143	11.24	4
31	National Australia Bank	0.846154	5.81	30

사외이사 비율순위	Name	사외이사 비율	자본 / 자산 비율	자본 / 자산 비율 순위
31	Shinhan Financial group	0.846154	4.5	53
33	JP Morgan Chase et Co	0.846154	6.04	29
34	ABN AMRO Bank	0.833333	3.11	70
34	Dexia	0.833333	2.34	76
36	State Street Corp	0.818182	5.62	35
37	Wachovia Corporation	0.8	5.5	37
37	Toronto – Dominion Bank	0.8	3.65	62
39	Mellon Financial Corp	0.785714	7.64	10
40	Danske Bank	0.777778	2.84	71
40	Bank of New York	0.777778	6.52	22
42	Bank of America Group	0.769231	5.73	32
43	Wells Fargo et Co	0.727273	6.2	28
44	Fortis Bank	0.724138	2.46	74
45	KBC Group	0.692308	3.4	66
45	Industrial Bank of Korea	0.692308	4.92	43
47	Bank of Montreal	0.666667	4.86	45
47	Commonwealth Bank Group	0.076923	4.53	50
49	Canadian Imperial Bank of Commerce	0.647059	3.59	64
50	Bank of Ireland	0.642857	4.87	44
50	Korea Exchange Bank	0.642857	6.74	19
52	Alliance et Leicester	0.636364	3.72	58
53	Standard Chartered	0.081967	4.52	52
53	DnB NOR Group	0.625	4.86	46
53	PNC Financial Service Group	0.080645	6.92	16
53	Joyo Bank	0.625	4.95	42
53	Northern Trust Corporation	0.625	6.25	27
58	Washington Mutual	0.615385	5.72	33
59	Westpac Banking Corporation	0.571429	4.8	47
60	Sumitomo Trust et Banking	0.545455	4.53	51
61	Banca Monte dei Paschi di Siena	0.466667	3.91	57
62	Shizuoka Bank	0.416667	6.52	23
63	Lloyds TSB Group	0.307692	3.71	59

〈부표 15〉

사외이사 비율순위	Name	사외이사 비율	BIS 자본비율	BIS자본 비율 순위
1	Nordea Group	0.956522	9.2	77
2	Deutsche Bank	0.944444	13.5	16
2	BNP Paribas	0.944444	na	
4	Hudson City Bancorp	0.941176	41.31	3
4	Macquarie Bank	0.941176	14.1	9
6	Eurohypo	0.9375	10.7	61
7	Commerzbank	0.933333	12.5	25
8	KOOKMIN	0.928571	12.95	21
9	Franklin Resources	0.923077	84.78	2
10	Royal Bank of Scotland	0.923077	11.06	52
10	Woori bank	0.923077	11.05	53
12	Hana Financial group	0.916667	na	
13	Anglo Irish Bank Corporation	0.9	11.8	39
13	Northern Rock	0.9	12.3	30
15	Credit Agricole Groupe	0.894737	10.1	74
16	UBS	0.888889	14.1	9
16	Shinkin Gentral Bank	0.888889	15.77	5
16	Svenska Handelsbanken	0.888889	11.6	46
19	Bank of Yokohama	0.884615	10.95	57
20	Hachijuni Bank	0.882353	12.18	34
21	Citigroup	0.875	12	38
21	Chugoku Bank	0.875	12.03	37
21	Chinatrust Financial Holding	0.875	119.72	1
24	Barclays Bank	0.866667	11.33	48
25	UniCredit	0.857143	10.34	70
25	Societe Generale	0.857143	11.31	49
25	Credit Suisse Group	0.857143	13.7	12
25	Royal Bank of Canada	0.857143	13.1	20
25	Countrywide Financial Corporation	0.857143	11.7	43
25	Capital One Financial Corporation	0.857143	15.44	6
31	National Australia Bank	0.846154	10.5	66

사외이사 비율순위	Name	사외이사 비율	BIS 자본비율	BIS자본 비율 순위
31	Shinhan Financial group	0.846154	na	
33	JP Morgan Chase et Co	0.846154	12.1	35
34	ABN AMRO Bank	0.833333	13.14	19
34	Dexia	0.833333	10.9	58
36	State Street Corp	0.818182	14.01	11
37	Wachovia Corporation	0.8	10.97	56
37	Toronto - Dominion Bank	0.8	13.2	18
39	Mellon Financial Corp	0.785714	16.87	4
40	Danske Bank	0.777778	10.32	71
40	Bank of New York	0.777778	12.48	27
42	Bank of America Group	0.769231	11.04	54
43	Wells Fargo et Co	0.727273	11.61	45
44	Fortis Bank	0.724138	10.5	66
45	KBC Group	0.692308	12.46	28
45	Industrial Bank of Korea	0.692308	11.11	51
47	Bank of Montreal	0.666667	11.76	40
47	Commonwealth Bank Group	0.076923	9.75	75
49	Canadian Imperial Bank of Commerce	0.647059	12.7	23
50	Bank of Ireland	0.642857	10.6	64
50	Korea Exchange Bank	0.642857	13.68	13
52	Alliance et Leicester	0.636364	10.5	66
53	Standard Chartered	0.081967	13.59	15
53	DnB NOR Group	0.625	10.2	72
53	PNC Financial Service Group	0.080645	12.1	35
53	Joyo Bank	0.625	11.75	41
53	Northern Trust Corporation	0.625	12.28	32
58	Washington Mutual	0.615385	11.62	44
59	Westpac Banking Corporation	0.571429	9.7	76
60	Sumitomo Trust et Banking	0.545455	10.9	58
61	Banca Monte dei Paschi di Siena	0.466667	9.16	78
62	Shizuoka Bank	0.416667	13.64	14
63	Lloyds TSB Group	0.307692	10.9	58

참고문헌

1. 국내문헌

강희갑, "주식회사의 경영감독 감사 및 감사위원회제도에 관한 연구,"「한국상장회사협의회」, 2002.

강희갑, "주식회사의 경영관리구조에 관한 회사법적 연구," 사회과학논총, 명지대학교사회과학연구소, 1998.

경제정의실천시민연합, "6대 그룹 지배구조 개요에 관한 조사연구(사외이사를 중심으로)," 보도자료, 2003. 9.

권순희, "미국과 독일의 기업지배구조와 최근 동향에 관한 비교 검토,"「상사법연구」제21권 제4호, 한국상사법학회 2003.

권종호, "한국형 사외이사제도의 문제점과 그 개선방안에 관한 입법론적 모색,"「상장협」제44호, 2001. 9.

권종호, "일본의 감사제도,"「대한변호사협회」, 제 274호, 1999.

권종호, "일본의 기업법제 개정에 관한 연구,"「코협보고서 04-1」, 코스닥 등록법인협회. 2004. 2.

김상호, "한국 은행산업의 산업효율성과 산업성 변화,"「경영학연구」, Vol. 49, No. 2.

김영호, "기업의 지배구조와 이사회의 운영,"「동아법학 제25호, 제26호」, 동아대학교 법학연구소, 1999.

김인철·이해춘, "DEA를 이용한 외환위기 전후의 은행 효율성 비교 분석,"「산업조직연구」, Vol. 11 No. 2, 2003.

김화진,「이사회」, 박영사, 2006.

나승성, "사외이사제도에 관한 연구," 법조 Vol. 522. 2000. 3.

박상조, "불란서주식회사법상 이중구조적 이사회제도의 연구,"「현대상사법의 제문제(설성 이윤영선생정년기념논문집」, 1988.

백자욱, "IMF를 전후한 은행의 경영 효율성 분석,"「산업경제연구」, Vol. 14 No. 1, 2001.

법무부 법무심의관실, 회사법 개정시안 주요내용, 2006년 7월 4일 공청회 자료.

법무부,「개정상법(회사편)해설」, 1999.

상장회사협의회,「사외이사의 직무수행 기준」, 상장협자료 98-9.

손승태·안태식·이남주, "일반적으로 인정된 변수집합을 이용한 국내 은행의 생산성 측정,"「회계학연구」, Vol. No. 17, 1993.

안석교,「독일의 사회적 시장경제와 기업의 지배구조」, 무역경영연구원, 1999.

안태식, "투입·산출변수집합의 선택과 생산성 민감도,"「경영학연구」, Vol. 22 No. 2, 1993.

안택식, "기업경쟁력 강화를 위한 사외이사제도의 개선방안,"「상사법연구」 제21권 제2호, 한국상사법학회, 2002

염미경, "사외이사의 효율적 활용방안-사외이사의 독립성 확보를 위한 기관투자자의 역할을 중심으로,"「상사법연구」 제23권 제1호, 한국상사법학회, 2004.

오수근, "집중투표제,"「인권과 정의」 제270호(대한변호사협회), 1999.

이균성, "주식회사의 사외이사의 지위,"「상사법연구」 제20권 1호, 2001. p. 240.

이대희, "사외이사의 역할에 대한 경험적인 연구의 고찰-미국에서의 논의를 중심으로-,"「상사법 연구」, 제16권 제2호, 1997

이성만, "우리나라 은행의 소유·지배구조와 경영성과에 관한 연구," 인천대 대학원 박사학위논문, 2003.

이은성·윤진수, "제4차 기업지배구조 개선을 위한 설문조사결과,"「기업지배구조리뷰」 제25권, 한국지배구조지원센터, 2006.

이태근·이재석, "이사회 제도,"「현대법학의 과제 : 구산 곽종영 교수 화갑기념논문집」, 구산 곽종영교수 화갑 기념논문간행위원회, 1993.

이한득, "대기업집단의 현금흐름과 투자, 부채조달 간의 관계: IMF 경제
　　위기를 전후한 시점간의 형태변화,"「금융연구」14. 2, 2000. 12.
이형규, "기업지배구조개혁의 미해결과제,"「상사법연구」제20권 제2호,
　　2001.
전국경제인연합회, "기업지배구조 개선방안의 제문제," 2000. 10.
정동윤,「회사법」, 법문사, 2000.
정종수, "금융기관 감사위원회의 독립성 확보에 관한 연구," 대전대 대
　　학원 박사학위 논문, 2005.
정찬형,「사외이사제도」, 고시계, 2001. 2.
정찬형,「상법개론」, 박영사, 2003.
정쾌영, "사외이사제도의 문제점과 개선방향,"「기업법연구」, 제20권 제
　　2호, 한국기업법학회, 2005.
정희철,「기업법의 전개」, 서울, 박영사, 1993
좌승희·이선애·유재균·노재열,「겸업주의 은행제도와 우리나라 금융산
　　업의 효율화를 위한 제도개선 방안」, 정책연구자료 91-12, 1993,
　　한국개발연구원.
차대운·정쾌영, "집행위원제도의 도입필요성과 입법론적 과제,"「상장협
　　춘계호」제49호.
최문경, "서비스 산업의 효율성 측정에 관한 연구,"「산업경제연구」, Vol.
　　1, 1989.
최문경, "DEA를 이용한 금융기관의 다기간 효율성 분석,"「서해경제연
　　구」, 한양대학교 서해경제연구소, 제5권, 2000.
최준선, "기업지배구조개선의 실태분석,"「기업법연구」제19권 제2호,
　　한국기업법학회, 2005.
하광효, "주식회사 사외이사의 역할 제고를 위한 법적 고찰," 국민대 대
　　학원 박사학위 논문, 2006.
한국상장협의회, "사외이사제도의 문제점 및 개선방안,"「상장」2001. 6.
한국상장협의회, "2007년 주권·코스닥 상장법인 사외이사 선임현황 분
　　석," 2007

홍복기, "사내이사제도에 관한 연구," 「현대상사법의 제문제」, 법지사, 1988.

2. 외국문헌

Baumal, William J., John, C. Panzar, and D. Willig, Rober, Contestable Markets and the Theory of Industry Structure, Harcourt Brace Jovanovich, Inc., New York, 1982.

Binswagner, H. P., "A cost function approach to the measurement of elasticities of factor demand and elasticities of substitution," American Journal of Agricultural Economics, Vol 56, 1974.

Boardman, A. E., Davis, O. A. and Sanday, P. R., "A Simultaneous Equation Model of the Educational Process," Journal of Public Economics. Vol. 7, No. 1, 1977.

Bowles, S. and Levin, H. M., "The Determinants of Stochastic Achievement : A Critical Approach of Some Recent Evidence," Journal of Human Resources, Vol. 3, No. 4, 1968.

Bowles, S., "Towards in Education Production Function." in Education, Income and Human Capital, Ed. Hansen, W. Lee, National Bureau of Economic Research, New York, 1974.

Charnes, A., W. W. Cooper, and Rhodes, "Measuring the Efficiency of Decision Making Unit," European Journal of Operational Research, Vol 429, 1978.

Diewert, W. E., "Duality of approaches to microeconomic theory," Chapter 12 Handbook of Mathematical Economics, and ed. by K. J. Arrow and M. D. Intriligator, Vol. II, Amsterdam: North-Holland, 1982.

Eisenberg, T., Sundgren, S., and Wells M. T., "Larger Board Size and Decreasing Firm Value in Small Firms," Journal of Financial Economics, 48, 1998.

Fitzsimmons, J. A., & R. S. Sullivan, Service Operations Manegement, McGraw-Hill Book.

Gilson, S., "Bankruptcy, Board, Bank and Blockholders," Journal of Financial Economics, 1990.

Hermalin, B. and M. Weisbach, "Endogenously Chosen Boards of Directors and Their Monitoring of Management," American Economic Review, Vol. 88 March, 1988.

Jensen, M. C. and W. H. Meckling, "Theory of the Firm : Managerial Behavior, Agency Costs and Ownership Structure," Journal of Financial Economics, 3.(1976), North-Holland Publishing Company.

Jorgenson, D. W., "Econometric methods for modelling producer behavior," Chapter 31 in Handbook of Econometrics, ed by Z., Criliches and M. D. Intriligator, Vol. 3, Amsterdam: North-Holland, 1986.

Laura Lin, "The Effectiveness of Outside Directors as a Corporate Governance Mechanism: Theories and Evidence", North Western Law Review, Spring 1993.

Lau, L. J., "Applications of Duality Theory : A Comment," in Frontier in Quantitative Economics, ed by M. D. Intriligator and D. A. Kendrick, Amsterdam: North-Holland, 1974.

Levin, M., "Measuring Efficiency in Educational Production," Public Finance Quaterly, Vol. 2., 1974.

Louis Loss & Joel Seligman, Securities Regulation, 3rd ed. rev. 1998.

Pulle, L. and David B. Humphrey, "The role of fixed costs and cost complementarities in determining scope economies and the cost of narrow banking proposals," Jornal of Business, 66(3).

Siems, Thomas F., "Quantifying Management Role in Bank Survival," Federal Reserve Bank of Dallas Economic Review, January, 1992.

Uzawa, H., "Production functions with constant elasticities of substitution,"

Review of Economic Studies, Octorber, 1962.

Yermack, David, "Higher Market Valuation of Companies with a Small Board of Directors," Journal of Financial Economics Vol. 40 1996.

Yotopoulos,, P. A. and L. J. Lau, A test for relative economic efficiency: Some futher results, American Economic Review, 63, 1993.

近藤光男, "執行役". 民商法雜誌, 第126券 第4.5號, 2002.

3. 기타문헌

Data Stream Menual, Thomson Financial.

DEAP 2.1 Menual.

The Banker紙, 2006년 7월호.

권 영 준

경희대학교 국제경영학부 교수
서울대학교 경제학과 졸업(경제학 학사)
미국 University of Pennsylvania, the Wharton School(경제학 박사)
한국선물학회 회장 역임
한국재무학회 편집위원장 역임
한국금융학회 이사 역임

주요논저

『Efficiency, Productivity Change and Characteristics in Korean Life Insurance Industry』(리스크관리연구)
『우리나라 은행산업의 이윤변화 결정요인 분해』(재무연구)
『우리나라 은행산업의 생산성 변화 요인 : Malmquist 방법론의 적용』(금융학회지)
『Selection of Underlying Index for Stock Index Futures in Korea』(재무연구)
『21세기 한국금융의 경쟁력강화방안』(저서: 한림과학원 총서)
『리스금융론』(저서:법문사)

이 혜 란

단국대학교 경제학 박사
경실련(사)경제정의연구소 전임연구원

주요논저

『한국 통화정책의 효과 분석-지급준비율 변동을 중심으로』
『한국 은행산업의 구조조정 효과분석-X-비효율 분석을 중심으로』

은행지배구조에 따른 효율성 분석에 관한 국제 비교

- 초판 인쇄　　2008년 8월 14일
- 초판 발행　　2008년 8월 14일

- 지 은 이　　권영준·이혜란
- 펴 낸 이　　채종준
- 펴 낸 곳　　한국학술정보㈜
　　　　　　　경기도 파주시 교하읍 문발리 513-5
　　　　　　　파주출판문화정보산업단지
　　　　　　　전화　031) 908-3181(대표) · 팩스　031) 908-3189
　　　　　　　홈페이지　http://www.kstudy.com
　　　　　　　e-mail(출판사업부)　publish@kstudy.com
- 등　　　록　　제일산-115호(2000. 6. 19)
- 가　　　격　　13,000원

ISBN　978-89-534-9884-6 93320 (Paper Book)
　　　　978-89-534-9885-3 98320 (e-Book)